中國歷史研究法

——〈研究文化史的幾個重要問題〉〈新史學〉合刊

梁啟超／著

大家講堂

學術・民國選書

五南圖書出版公司 印行

學識之法門・智慧之淵藪

——序五南「大家講堂」

五南圖書陸續推出一套叢書叫「大家講堂」。這裡的「大家」，固然不是舊時指稱高門貴族的「大戶人家」，也不是用來尊稱漢代才女班昭「曹大家」的「大家」；但也包含兩層意義：一是指學藝專精，歷久彌著，影響廣遠的人物，如古之「唐宋八大家」，今之文學、史學、藝術、科學、哲學等等之「大家」或「大師」；二是泛指衆人，有如「大夥兒」。而這裡的「講堂」，雖然還是一般「講學廳堂」的意思，只是它已改變了實質的形式，既沒有講席，也沒有聽席；因爲這講席上的大師已經化身在書本之中，只要你打開書本，大師馬上就浮現在你眼前，對你循循善誘；而你自然的也好像坐在聽席上，悠悠然受其教誨一般。

於是這樣的講堂，便可以隨著你無遠弗屆，無時不達。只要你有心向學，便可以隨時隨地學習，受益無量。而由於這樣的「講學廳堂」是由諸多各界大師所主持的講席，是大夥兒都可以入坐的聽席，所以是名副其實的「大家講堂」。

長年以來，我對於五南出版公司創辦人兼發行人楊榮川先生甚爲佩服。他行年已及耄耋，猶以學術文化出版界老兵自居，認爲傳播知識、提升文化是他矢志的天職。他憂慮網路資訊，擾亂人心，佔據人們學識、智慧、性靈的生活。使往日書香繚繞的社會，呈現一片紛亂擾攘的空虛。於是他親自策畫「經典名著文庫」，聘請三十位學界菁英擔任評議，自民國一〇七年，迄今已出版一一〇種。他卻發現所收錄之經典大多數係屬西方，作爲五千年的文化中國，卻只有孔孟老莊哲學十數種而已，實屬缺憾，爲此他油然又興起淑世之心，要廣設「大家講堂」，再度興起人們「閱讀大師」的脾胃，進而品會大師優異學識的法門，探索大師智慧的無盡藏。潛移默化的，砥礪切磋的，再度鮮活我們國民的品質，弘揚我們文化的光輝。

我也非常了解何以榮川先生要策畫推出「大家講堂」來遂他淑世之心的動

機和緣故。我們都知道，被公認的大家或大師，必是文化耆宿、學術碩彥。他們著作中的見解，必是薈萃自己畢生的眞知卓見，或言人所未嘗言，或發人所未嘗發；任何人只要沾溉其餘瀝，便有如醍醐灌頂，頓時了悟；而何況含茹其英華！或謂大師博學深奧，非凡夫俗子所能領略，又如何能夠沾其餘瀝、茹其英華？是又不然，凡稱大家大師者，必先有其艱辛之學術歷程，而爲創發之學說，而爲建構之律則；但大師之學養必能將其象牙塔之成果，融會貫通，轉化爲大衆能了解明白之語言例證，使人如坐春風，趣味橫生。

譬如王國維對於戲曲，先剖析其構成爲九個單元，逐一深入探討，再綜合菁華要義，結撰爲人人能閱讀的《宋元戲曲史》，使戲曲從此跨詩詞之地位而躋之，躋入大學與學術殿堂。魯迅和鄭振鐸也一樣，分別就小說和俗文學作全面的觀照和個別的鑽研，從而條貫其縱剖面、組織其橫剖面，成就其《中國小說史略》、《中國俗文學史》，使古來中國之所謂「文學」，頓開廣度和活色。又如胡適先生《中國古代哲學史大綱》，誠如蔡元培在爲他寫的〈序〉中所言，他能夠先解決先秦諸子材料眞僞的問題。又能依傍西洋人哲學史梳理統緒的形式；

因而在他的書裡，才能呈現出「證明的方法」、「扼要的手段」、「平等的眼光」、「系統的研究」等四種特長，要言不繁的導引我們進入中國古代哲學的苑囿，聆賞先秦諸子的大智大慧。

也因此榮川先生的「大家講堂」一方面要彌補其「經典名著文庫」的不足，便以收錄一九四九年以前國學大師之著作爲主。凡其核心之學術代表著作，既爲畢生研究之精粹，固在收錄之列；而其具有普世之意義與價值，經由大師將其精粹轉化爲深入淺出之篇章者，其實更切合「大家講堂」之名實與要義，尤爲本叢書所要訪求。

記得我在上世紀八〇年代，也已經感受到「學術通俗化、反哺社會」的意義和重要，曾以此爲題，在《聯副》著文發表，並且身體力行，將自己在戲曲研究之心得，轉化其形式而爲文建會製作之「民間劇場」，使之再現宋元「瓦舍勾欄」之樣貌，並據此規畫「民俗技藝園」（今之宜蘭傳統藝術中心），作爲維護薪傳民俗技藝之場所，並藉由展演帶動社會及各級學校重視民俗技藝之熱潮，乃又進一步以「民俗技藝」作文化輸出，巡迴演出於歐美亞非中美澳洲列國，可以說是一個很成功的例證。近年我的摯友許進雄教授，他是世界甲骨學名家，其學術根柢之深厚、成就之豐碩無須多言，他同樣體悟到有如「大家講堂」的旨趣；乃以通俗的筆墨，寫出了《字字有來頭》七冊和《漢字與文物的故事》四冊，頓時成爲兩岸極暢銷之書。其《字字有來頭》還要出版韓文翻譯本。

已經逐步推出的「大家講堂」，主編蘇美嬌小姐說，爲了考量叢書在中華學識和文化上的意義和價值，因此其出版範圍先以「國學」，亦即以中國文史哲爲限。而以作者逝世超過三十年以上之著作爲優先。而在這裡我要強調的是：「大家」或「大師」的鑑定務須謹嚴；其著作最好是多方訪求，融會學術菁華再予以通俗化的篇章。如此才能眞正而容易的使「大家」或「大師」在他主持的「大家講堂」上，如「隨風潛入夜，潤物細無聲」的春雨那樣，普遍的使得那熱愛而追求學識的一大夥人，都能領略其要義而津津有味。而那一大夥人也像蜜蜂經歷繁花香蕊一般，細細的成就，釀成自家學識法門的蜜汁；而久而久之，許許多多大家或大師的智慧，也將由於那一大夥人不斷的探索汲取，而使之個個成就爲一己的智慧淵藪。我想這應當更合乎策畫出版「大家講堂」的遠猷鴻圖。

榮川先生同時還策畫出版「古釋今繹系列」和「中華文化素養書」做爲「大家講堂」的姐妹編，爲此使我更加感佩他堅守做爲「出版界老兵」的淑世之心。

曾永義序於台北森觀寓所

二〇二〇年元月二十九日晨

導讀

近代中國的史學發展，大致歷經了三重思想變化，而且每次都與現實環境的牽動密切有關。第一次變化的內容，主要係爲了因應晚清危局，界定「什麼是歷史」？結果是提出「新史學」的口號。第二重變化焦點則在於「如何研究歷史」？最能說明這方面的成果，便是一九二〇年代由胡適（一八九一—一九六二）等人所推動的「整理國故」運動。至於最後一次所經歷的變遷，是關於「怎樣解釋歷史」，以作爲未來選擇和取決的途徑；我們可以舉「社會史論戰」和馬克思史學在中國發展作爲代表。本書的作者梁啓超（一八七三—一九二九），即是第一重「史界革命」運動的發起人；毫無疑問，本書也是標示著中國傳統史學邁向現代史學的轉型代表之作。

梁啓超的史界革命及意義

梁啓超，字卓如、任甫，號任公、飲冰子，別署「飲冰室主人」，廣東新會人，是戊戌變法領袖之一，也是中國近代思想家、政治活動家、學者，被譽稱爲「百科全書式的巨人」。梁一生其實有著非常燦爛且豐富的傳奇故事，其定位始終是研究歷史的人最感興味的題材。陶希聖（一八九九—一九八八）嘗以民國「五．四」運動爲分期，說之前思想界主要以梁任公爲首，此後則是胡適開啓風氣，成爲文化運動的導師。儘管這樣的比喻未必全屬事實，但卻恰如其分地點出了清末民初思想界中梁啓超的位置。其中，梁生平活動最常爲人所稱道的，即是他在近代中國提出史學革命的貢獻。

二十世紀初「新史學」口號之所以能夠提出，絕非無的放矢，有其時代背景的因素。簡單地說，晚清以降由於中國接連遭受政治和外交上的挫敗，愈形激發了民衆強烈的救亡圖存意識。爲了思考如何來拯救國族危亡，當時許多人努力尋求各種解決途徑，梁啓超便是其中之一。這位「言論界的驕子」極敏感地掌握時代趨勢，選擇以史學爲起點，重新出發；很快地，他的言論席捲了整個輿論及知識界，不能不說獨具匠心。因爲對中國人來說，「史」原本就是一門古老又熟悉的學問，早已流傳悠久，累積了相當豐富的經驗和思想資源。無論從代表私人立場的《史記》，還是到官方所主導編修的正史，甚至其他形形色色不同的紀傳、編年，乃至地方志等文類，可以說，史學發展在中國的學術傳統裏並不陌生。然而，史學知識原本所該具備鑑往知來的功能，卻在十九世紀時一連串外人列強的壓迫之下，暴露其缺點，也失去了應有的地位。人們反而從以往的歷史教訓中，找不到如何因應這「三千年來未有之變局」的對策。梁啓超即於此風潮下趁勢而起，對史學提出深刻的反思。就在一九〇一年時，梁先發表〈中國史敘論〉；一九〇二年又有〈新史學〉一文，昭告民衆不能再沿襲過去舊有的歷史思維，高唱史界必須革命的呼聲。

「新史學」的大致有以下幾項意義：首先就內容來看，梁啓超一再強調：因爲中國人的心中只有「朝廷」，而缺乏「國家」的觀念，所以人民無從建立「愛國心」。爲此他高聲倡籲，要想讓百姓塑造愛國觀念，史學改革是絕對且必要的作法。細究梁啓超的目的，是爲了要以各種方法凝聚人民，完成「有意識」的建構工作。於是他以批評傳統史學爲對象，希望藉此突破和喚醒人們對朝廷／國家、個人／群體的理解。

其次是「新史學」構想的提出，也象徵中國面臨到思想「解放」的時刻。近代中國的思想文化有一股重要的發展趨勢，即是經學的邊緣化和史學的中心化。原來經學在官方的統治之下，深具顛撲不破的獨尊形象和地位。換言之，帝國的知識菁英如果爲了進入官僚系統，或者成爲勞心的統治階層，必須通通接受經學知識，服從其所形塑出來的「意義之網」。因此，至少在清代而言，經書學問還是一套最有力維繫統治的象徵符號，迫使人們不得不重視它。不過如此的權力網絡，在清季時逐步動搖，最明顯的情形就是各地廢除科舉的聲音不斷。梁啓超的史學理念及主張，非但凸顯經學業已獨霸的局面已被打破，還在思想眞空的局勢裏，進而強化了史學和史家所應具備的任務。所以新史學的目的，不獨爲了重新定位國家／朝廷的關係而已，並且解決了史學本身道德主體與過度教條化的危機。同時，進一步經由澄清了史料的性質，擴大其範圍，釐清了史學和其他學科間關係。如果我們從梁氏一系列的著作來看，一樣也能彰顯若干其中的意義。

梁啓超提出史界革命和意義，除了陸續有單獨成篇的文字外，最具體的展現是一九二〇年代將歷次的演講集結成書。一九二一年秋天，梁啓超接受天津南開大學的邀請，講演有關中國歷史研究法的課題。這位清季以來飽受注目的政治思想家，用他熱情洋溢的口才，加上豐富的經驗和學識，吸引了無數的青年學子。接著一九二六年十月至隔年三月，梁氏又在清華大學陸續演講，對中國歷史研究又提出補充。後來根據講演所輯成的《中國歷史研究法補編》（以下簡稱《補編》），即是梁個人長期有關對史學的思考，以及在中國歷史方面的觀察心得。

從進化走向文化的多元性

當讀者披覽梁啓超的兩部歷史研究方法著作時，應該留心這不啻是個人對史學心得的總結，同時也是他自己思想與時俱進的表現。

前面曾經提過，梁啓超的「新史學」口號係以批評傳統中國史學而來；從《中國歷史研究法》及《補編》裏亦有類似的看法。在提出「新史學」的階段，梁氏以單線進化的框架和「文明」的視野，作爲他構築具有政治意義的「國民史學」，直到《中國歷史研究法》書中仍可見少數痕蹟。以這個角度而言，理解中國民衆迫切需要新的史學觀念，其實是和追求富強、「新民進化」密不可分的。在梁看來，新的史學研究方法無疑擁有一項利器，目的要使民衆能夠獲得「國民的資治通鑑」和「人類的資治通鑑」，以確保能夠喚醒中國。所以在定義歷史時，他強調「今日之史，其讀者爲何許人耶？既以民治主義立國，人人皆以國民一分子資格立於國中，又以人類一分子之資格立於世界；共感於過去的智識之萬不可缺，然後史之需求生焉。」（頁〇八）因爲今世的歷史觀念異於古代，所以得有截然不同的想法，梁氏主張：要以中國民族整體來作爲考量。對照舊史而言，那些純粹都是爲少數階級所寫，都是爲了標榜死人的功績而做；但新史則不然，應該要講求普遍性、客觀性、功能性，目的是為了全體國民而撰寫的。因為瞭解進化對歷史的意涵，《中國歷史研究法》也別出心裁地提醒讀者：要留意那些屬於社會心理的層面。梁啟超反對採取以「英雄即是歷史」的角度觀察歷史。梁認為，歷史圖像如果只有少數人物撐起，如同傳統正史是「帝王將相的家譜」一樣，未免失之簡略，可能會忽視集體所呈現出來的「共相」。因此，梁氏看法是：社會心理實為個人心態的擴大化合物，應該是重視前者，而非後者：

> 史家最要之職務，在覷出此社會心理之實體，觀其若何而蘊積，若何而發動，若何而變化，而更精察夫個人心理之所以作成之表出之者，其道何由。（頁一八八）

當「多數人格者」展現出一種獨特的意向時，能否掌握這種「同一心之活動」，才是眞正的關鍵；用梁啟超的話，研究歷史的目的即在獲得「史蹟」。從今天史學的觀念來看，梁氏書中屢屢言及的「史蹟」兩字，毋寧是指「心態」（mentalities）的意思。《補編》中進一步加以實踐，更以此列為專史寫作的方式，認為乃源自傳統史學中的紀事本末體。

當然，我們也無須過分地放大進化論對梁啟超的影響。不同於章太炎（一八六九—一九三六）直接對西方現代性的批判和拒絕，梁對中國史學研究的認知，至少還反映出他個人從迎到拒的過程。特別在一九二〇年代初期，中國知識界由於歐戰後西方對物質進步、科學萬能等價值產生懷疑，文化破產的論調此起彼落，多少也影響了梁氏個人；於是言論中開始放棄單線進化的觀點，注意到文化的多樣性。最明顯的實例是《中國歷史研究法》直截反對再使用坊間迻譯日本的《東洋史》一類書籍，認爲它們「率皆鹵莽滅裂，不值一盼」。在他看來，援用以進化作爲歷史書寫方式的日本東洋史學，未必足以深刻理解中國歷史的特色；甚至高呼民間學校通用的國史教科書，以這類書充數，「眞國民莫大之恥也」。（頁九二）這和他早期受今文學刺激，而接受進化史觀，並得自日本學者福澤諭吉（一八三四—一九〇一）、浮田和民（一八五九—一九三五）的史學思想而言，梁啓超果眞令人有「不惜以今日之我，難昔日之我」之感。

關於《中國歷史研究法》及《補編》呈現出梁氏留心文化的多樣性，還可以從他關懷西方史學、中國佛學和儒家傳統來看。近人的研究指稱，梁啓超的著作有關史料分類、分析歷史古蹟等說法，泰半出於法國史家郎格諾瓦（Charles V. Langlois，一八六三—一九二九）、瑟諾博司（Charles Seignobos，一八五四—一九四二），以及德國伯倫漢（Ernst Bernheim，一八五〇—一九二二）等人的影響。而佛學和儒家方面，像他引用「心能」、「共業」、「業種」、「業果」、「互緣」、「既濟未濟」、「立人達人」等詞彙，注意到佛經資料與研究玄奘（六〇二—六六四）傳記等處亦可見。梁氏由於深感佛教思想影響中國之大，玄奘其實居功厥偉，可是長期以來卻無人瞭解，所以重視其歷史地位。他特別關注佛教在中國生根的意義，認定文化要大於宗教本身的功能；同樣地，宗教史對梁而言，更是掌握時代心理的關鍵。至於對傳統史學的再認識，《補編》裏更以年譜——這項從宋代以來便流傳久遠的體裁爲例，鉅細靡遺地詳述不同種類和特色。

再者，梁啓超在書中也不時爲一九二〇年代的史學趨勢和風氣提出反思。在《中國歷史研究法》裏，梁氏覺得人們「今是古非」的態度，應該加以批評。他雖然肯定透過設立假說而獲得新理解，不過卻反對過度的解釋。尤其是關於史料鑑別上，梁啓超也認爲「動輒以今律古，而不知所擬者全非其倫也」（頁一二二）。同樣於《補編》中，他還強調：「別擇資料」固爲史學最堪注意的一點，可是「流弊乃專在瑣碎的地方努力，專向可疑的史料注意，忘了還有許多許多的眞史料不去整理」；因爲過度往「補殘鉤沉」的路上走，卻忽略了現成資料的可貴（《補編》，頁二四二—二四三）。對於疑古派每每以「科學」眼光和作法進行歷史研究，梁氏也發揮良心想要挽救弊端。這不僅是他個人的觀察與體會，也是他修正史學研究路線、適應時代的體現。

最後我們也可以用因果關係的例子，釐清梁啓超扮演「帶領中國史學邁向近代史學道路」的角色。直到《中國歷史研究法》及《補編》出版後，梁氏徹底擺脫用因果律來解釋歷史變遷，認爲「歷史爲人類自由意志的創造品」，而非自然科學因果關係所可控馭。換句話說，「必然的因」而導致「必然的果」，在具有自由意志的人類來說並不必然。梁啓超在《中國歷史研究法》指稱：人的自由意志是不可捉摸，所以歷史現象不能全以「因果」來看待，所有事件均係偶發，只可說是一種「互緣」的關係使然。他說：

互緣怎麼解呢？謂互相的緣。佛典上常說的譬喻「相待如交蘆」，這件事和那件事有不斷的聯帶關係，你靠我、我靠你才能成立，就在這種關係狀態之下，前波後波銜接動盪，便成一個廣大深淵的文化史海。（頁二一二—二一三）

不但個人因事件而產生改變的契機，也進而影響事件的發展；事件也由於許多人做出不同的決定，而發生了人們預期不到的種種效果。這樣交互影響的結果，如同諾貝特．埃利亞斯（Norbert Elias，一八九七—一九九〇）解釋文明進程時所談的「交互依存」（interdependence）的關係一般。梁啓超如此先知先覺的體會，也帶給我們同樣有關歷史的理解，說明他身爲傳統到現代轉型的意義。

梁啓超對中國歷史研究的影響

梁著的兩部歷史研究法，從今日看來，仍有不少値得吾人借鏡參考之處。像是他的講演一直不斷提醒我們重視一個問題：在面對史學革新的道路上，到底應該如何讓歷史的眞相得以完整地呈現？有些歷史現象經常稍縱即逝，往往會因爲我們識見所囿，難免被忽視，所以梁氏提醒：應該隨時保持警覺，要有「新注意」，要以別具隻眼的方式尋求「新意義」。此外，梁啓超也嘗試想要追問：究竟該怎麼重新定義史家的任務？例如當高舉劉知幾（六六一—七一二）、章學誠

（一七三八—一八〇一）等的「史家四長」說法，梁卻刻意將「史德」列為首要，值得深思。他在《補編》說：「學歷史，其目的就在想將來有所貢獻」（《補編》，頁一七），即便是研治現代事實，也需審慎明辨，斷不能強加主觀意見，顛倒是非。梁氏個人即為活生生見證，他隨時有錯必改，不惜挑戰昨日己非，便是顯例。換言之，梁啓超對一位史家的要求很高，要力求忠實，摒除誇大、附會、武斷之弊；而且學歷史的人需要的不是博聞強記的記憶力，更應該要有正確精密的觀察力，不被因襲傳統所限，不被既有成見所限。

毫無疑問，梁啓超的《中國歷史研究法》和《補編》確實啓發了無數後輩，刺激他們用新的角度來面對史學，對歷史能夠有所反省，無論是在史料的鑑別、歷史態度的看待，還是研究課題的瞭解上。所以，當梁書一出後，馬上吸引了無數關心撰寫中國歷史的人；而梁氏本人對中國史的理解和詮釋，也促使了更多人勇於投入發掘以往輕忽或隱藏的課題。類似這樣的實例很多，俯拾皆是。譬如，日本學者桑原隲藏（一八七〇—一九三一）曾寫過一篇讀後感，特別指出梁啓超在這方面的貢獻。桑原文章中把唐宋時期有關外國貿易的問題，像貿易港的位置及情況、市舶司的起源、關稅制度、居留地制度等等點出，認為梁氏羅列這些課題，確實日本學界尚未多見，值得進一步探討。又例如《補編》提到淮揚鹽商、廣東十三行等商業中心的研究，日後何炳棣（一九一七—）和梁嘉彬（一九一〇—一九九五）皆賡續完成，為中國歷史空白處增添充實的一頁。

在這些傳承的關係之中，我們不該忘了錢穆（一八九五—一九九〇）也有部同名的《中國歷史研究法》。雖然錢氏亦爲講演稿匯集而成，但不同的是該書完成在一九六〇年代，內容著重點亦殊異。錢著認爲，研究歷史當注意的是歷史背後所蘊藏而完成之文化。儘管兩書不約而同地正視「文化史」所具備的意義，也都留心到通史體裁；不過，從擺脫「帝王家譜」和「殖民侵華」的歷史書寫來看，梁啓超的《中國歷史研究法》還凸顯了時代的精神，可供吾人細細品嘗。

曾有人說：「閱讀是一種對話的過程」。讀者需要的是不斷地讓自己的大腦活動，找尋作者論述的主旨，然後彼此達成共識。對今天的我們而言，或許已經來不及有機會親臨一九二〇年代的大學講堂，咀嚼梁啓超那些對於中國史學特定的看法和見解，卻不妨披覽這部業經整理出來的講稿，從中察覺那隻字片語的生命力，一種來自過去與現在之間的思索，以及關於歷史知識的盛宴。

林志宏

目次

中國歷史研究法

自序

中國歷史可讀耶？二十四史兩通鑑九通五紀事本末，乃至其他別史、雜史等都計不下數萬卷，幼童習焉，白首而不能殫，在昔猶苦之，況於百學待治之今日，學子精力能有幾者？中國歷史可不讀耶？然則此數萬卷者，以之覆瓿，以之當薪；舉凡數千年來我祖宗活動之迹足徵於文獻者，認爲一無價值，而永擯諸人類文化產物之圈外；非惟吾儕爲人子孫者所不忍，抑亦全人類所不許也。既不可不讀而又不可讀，其必有若而人焉，竭其心力以求善讀之，然後出其所讀者以供人之讀。是故新史之作，可謂我學界今日最迫切之要求也已。

近今史學之進步有兩特徵。其一，爲客觀的資料之整理：疇昔不認爲史蹟者，今則認之；疇昔認爲史蹟者，今或不認。舉從前棄置散佚之迹，勾稽而比觀之；其夙所因襲者，則重加鑑別以估定其價值。如此則史學立於「眞」的基礎之上，而推論之功，乃不至枉施也。其二，爲主觀的觀念之革新：以史爲人類活態之再現，而非其僵迹之展覽；爲全社會之業影，而非一人一家之譜錄。如此，然後歷史與吾儕生活相密接，讀之能親切有味；如此，然後能使讀者領會團體生活之意義，以助成其爲一國民爲一世界人之資格也。歐美近百數十年之史學界，全向於此兩種方向以行。今雖僅見其進未見其止，顧所成就則既斐然矣。

我國史界浩如煙海之資料，苟無法以整理之耶？則誠如一堆瓦礫，只覺其可厭。苟有法以整理之耶？則如在礦之金，採之不竭；學者任擘治其一部分，皆可以名家；而其所貢獻於世界者皆可以極大。啓超不自揆，蓄志此業，逾二十年，所積叢殘之稿，亦既盈尺。顧不敢自信，遷延不以問諸世。客歲在天津南開大學任課外講演，乃裒理舊業，益以新知，以與同學商榷。一學期終，得《中國歷史研究法》一卷，凡十萬言。孔子曰：「工欲善其事，必先利其器。」吾治史所持之器，大略在是。吾發心殫三四年之力，用此方法以創造一新史。吾之稿本，將悉以各學校之巡迴講演成之。其第二卷爲《五千年史勢鳥瞰》，以今春在北京清華學校講焉。第三卷以下以時代爲次，更俟續佈也。

顧茲事體大，原非一手一足之烈所能爲力；況學殖淺薄如啓超者，重以講堂匆匆開演，講義隨講隨佈，曾未獲稍加擘勘，則其紕繆舛誤矛盾漏略之多，又豈俟論。區區此稿，本宜堅鐍之，以俟他日之改定。既而復思吾研究之結果，雖未必有價值；其或者因吾之研究以引起世人之研究焉，因世人之研究以是正吾之研究焉，則其所得不已多耶？故貿然刊佈而字之曰《史稿》。孟子曰：「取人爲善，與人爲善。[1]」吾之此書，非敢有以與人也，將以取諸人而已。願讀者鑑茲微

1 《孟子．公孫丑上》原文作「取諸人以為善，是與人為善者也」。

尙，痛予別裁，或糾其大端之謬，或繩其小節之疏，或著論箴駁，或通函誨責，俾得自知其失而自改之，由稿本蛻變以成定本，則片言之錫，皆吾師也。

十一年一月十八日啓超自述

第一章　史之意義及其範圍

史者何？記述人類社會賡續活動之體相，校其總成績，求得其因果關係，以為現代一般人活動之資鑑者也。其專述中國先民之活動，供現代中國國民之資鑑者，則曰中國史。

今宜將此定義分析說明：

一、**活動之體相**　人類為生存而活動，亦為活動而生存。活動休止，則人道或幾乎息矣。凡活動，以能活動者為體，以所活動者為相。史也者，綜合彼參與活動之種種體，與其活動所表現之種種相，而成一有結構的敘述者也，是故非活動的事項——例如天象、地形等，屬於自然界現象者，皆非史的範圍；反之凡活動的事項——人類情感理智意志所產生者，皆活動之相，即皆史的範圍也。此所謂相者，復可細分為二：一曰活動之產品，二曰活動之情態。產品者，活動之過去相，因活動而得此結果者也。情態者，活動之現在相，結果之所從出也。產品者，譬猶海中生物，經無數個體一期間協合之嬗化，而產出一珊瑚島，此珊瑚島實經種種活動情態而始成。而今則既僵矣，情態不復可得見，凡史蹟皆人類過去活動之僵迹也，史家能事，乃在將僵迹變為活化——因其結果以推得其情態，使過去時代之現在相，再現於今日也。

二、**人類社會之賡續活動**　不曰「人」之活動，而曰「人類社會」之活動者：一個人或一般人之食息、生殖、爭鬥、憶念、談話等等，不得謂非活動也，然未必皆為史蹟。史蹟也者，無論爲一個人獨力所造，或一般人協力所造，要之必以社會爲範圍；必其活動力之運用貫注，能影響及於全社會，——最少亦及於社會之一部，然後足以當史之成分。質言之，則史也者，人類全體或其大多數之共業所構成，故其性質非單獨的，而社會的也。復次，言活動而必申之以「賡續」者：個人之生命極短，人類社會之生命極長，社會常爲螺旋形的向上發展，隱然若懸一目的以爲指歸；此目的地遼遠無垠，一時代之人之所進行，譬猶涉途萬里者之僅蹞一步耳。於是前代之人恆以其未完之業遺諸後代，後代襲其遺產而繼長增高焉；如是遞遺遞襲，積數千年數萬年，雖到達尚邈無其期，要之與目的地之距離，必日近一日；含生之所以進化，循斯軌也。史也者，則所以敘累代人相續作業之情狀者也。率此以談，則凡人類活動在空際含孤立性，在時際含偶現性斷滅性者，皆非史的範圍；其在空際有周遍性，在時際有連續性者，乃史的範圍也。

三、**活動之總成績及其因果關係**　活動必有成績然後可記，不待言也。然成績云者，非一個人一事業成功失敗之謂，實乃簿錄全社會之作業而計其總和。質言之，即算總帳也。是故成績有彰顯而易見者，譬猶澍雨降而麥苗茁，烈風過而林木摧；歷史上大聖哲大英雄之出現，大戰爭大革命之經過，是其類也。亦有微細而難見者，譬猶退潮刷江岸而成淤灘，宿茶浸陶壺而留陳漬；雖聰察者，猶不之覺，然其所演生之迹，乃不可磨滅。一社會一時代之共同心理、共同習慣，不能確指其爲何時何人所造，而匹夫匹婦日用飲食之活動皆與有力焉，是其類也。吾所謂總成績者，即指此兩類之總和也。夫成績者，今所現之果也，然必有昔之成績以爲之因；而今之成績又自爲因，以孕產將來之果；因果相續，如環無端。必尋出其因果關係，然後活動之繼續性，可得而懸解也。然因果關係，至復賾而難理；一果或出數因，一因或產數果；或潛伏而易代乃顯，或反動而別證始明；故史家以爲難焉。

四、現代一般人活動之資鑑　凡作一書，必先問吾書將以供何等人之讀，然後其書乃如隰之有畔，不致氾濫失歸，且能針對讀者以發生相當之效果。例如《資治通鑑》，其著書本意，專以供帝王之讀，故凡帝王應有之史的智識無不備，非彼所需，則從擯闕。此誠絕好之「皇帝教科書」，而亦士大夫之懷才竭忠以事其上者所宜必讀也。今日之史，其讀者爲何許人耶？既以民治主義立國，人人皆以國民一分子資格立於國中，又以人類一分子之資格立於世界；共感於過去的智識之萬不可缺，然後史之需求生焉。質言之，今日所需之史，則「國民資治通鑑」或「人類資治通鑑」而已。史家目的，在使國民察知現代之生活與過去未來之生活息息相關，而因以增加生活之興味；睹遺產之豐厚，則歡喜而自壯；念先民辛勤未竟之業，則矍然思所以繼志述事而不敢自暇逸；觀其失敗之迹與夫惡因惡果之遞嬗，則知恥知懼，察吾遺傳性之缺憾而思所以匡矯之也。夫如此，然後能將歷史納入現在生活界使生密切之聯鎖；夫如此，則史之目的，乃爲社會一般人而作，非爲某權力階級或某智識階級而作，昭昭然也。

今人韋爾思有言：「距今二百年前，世界未有一著述足稱爲史者。」（注一）夫中外古今書籍之以史名者亦多矣，何以謂竟無一史？則今世之史的觀念，有以異於古所云也。我國二千年來史學，視他國爲獨昌。雖然，彼其體例，多屬千餘年前學者之所創；彼時所需要之史，與今不同。彼時學問未分科，凡百智識皆恃史以爲之記載；故史之範圍，廣漠無垠。積年愈久，爲書愈多，馴至爲一人畢生精力所不能殫讀。吾儕居今日而讀舊史，正所謂「披沙揀金往往見寶」。離沙無金，固也。然數斗之沙，得金一顆，爲事既已甚勞。況揀金之術，非盡人而能；苟誤其途，則取沙棄金，在所不免。不幸而中國現在歷史的教育，乃正類是。吾昔在友家見一八歲學童，其父面試以元明兩代帝王世次及在位年數，童對客僂數，一無漏訛；倘此童而以他朝同一之事項質客（我）者，客惟有忸怩結舌而已。吾既嘆異此童之慧敏，轉念以如此慧敏之腦，而役以此等一無價值之勞動，其冤酷乃眞無極也。不寧惟是，舊史因專供特殊階級誦讀故，目的偏重政治，而政治又偏重中樞，遂致吾儕所認爲極重要之史蹟，有時反闕不載，試舉其例：如巴蜀滇黔諸地，自古本爲中華民族文化所未被，其次第同化之迹，治史者所亟欲聞也。而古代史上有兩大役，實茲事之關鍵。其在巴蜀方面，爲戰國時秦司馬錯之定蜀；其在滇黔方面，爲三國時蜀諸葛亮之平蠻。然而《史記》之敘述前事，僅得十一字；《三國志》之敘述後事，僅得六十三字。（注二）其簡略不太甚耶？又如隋唐間佛教發達，其結果令全國思想界及社會情狀生一大變化，此共見之事實也；然而遍讀《隋書》、《新舊唐書》，此種印象，竟絲毫不能印入吾腦也。如元明間雜劇小說，爲我文學界闢一新紀元，亦共見之事實也；然而遍讀《元史》、《明史》，此間消息，乃竟未透漏一二也。又如漢之攘匈奴、唐之征突厥，皆間接予西方史蹟以莫大之影響，明時歐人之「航海覓地熱」，其影響之及於我者亦至巨；此參稽彼我年代事實而可見者。然而遍讀漢唐明諸史，其能導吾以入於此種智識之途徑者，乃甚稀也。由此觀之，彼舊史者，一方面因範圍太濫，卷帙浩繁，使一般學子望洋而嘆，一方面又因範圍太狹，事實闕略，不能予吾儕以圓滿的印象，是故今日而欲得一理想的中國史，以供現代中國人之資鑑者，非經新史家一番努力焉不可也。

今欲成一適合於現代中國人所需要之中國史，其重要項目，例如：

中華民族是否中國之原住民？抑移住民？

中華民族由幾許民族混合而成？其混合醇化之迹何如？

中華民族最初之活動，以中國何部分之地爲本據？何時代發展至某部分，何時代又發展至某部分？最近是否仍進行發展，抑已停頓？

外來蠻族——例如匈奴、突厥等，其與我共爭此土者凡幾？其來歷何如？其紛爭結果影響於我文化者何如？我文化之影響於彼者又何如？

世界他部分之文化民族——例如印度、歐洲等，其與我接觸交通之迹何如？其影響於我文化者何如？我文化之影響於彼者又何如？

中華民族之政治組織——分治合治交迭推移之迹何如？

統治異民族及被統治於異民族，其成敗之迹何如？

階級制度——貴族平民奴隸之別，何時發生，何時消滅；其影響於政治者何如？

國內各種團體——例如家族團體、地方團體、宗教團體、職業團體等，其盛衰興廢何如？影響於政治者何如？

民治主義基礎之有無？其久不發育之故安在？

法律因革損益之迹何如？其效力之及於社會者何如？

經濟基件——衣食住等之狀況，自初民時代以迄今日，其進化之大勢何如？

農工商業更迭代嬗以占經濟之主位，其推移之迹何如？

經濟制度——例如貨幣之使用、所有權之保護、救濟政策之施行等等，其變遷何如？其影響於經濟狀況者何如？

人口增殖移轉之狀況何如？影響於經濟者何如？

與外國交通後所生經濟之變動何如？

中國語言文字之特質何在？其變遷何如？其影響於文化者何如？

民族之根本思想何在？其各時代思潮蛻變之迹何如？

宗教信仰之情狀及其變遷何如？

文化之繼承及傳播，其所用教育方式何如？其變遷及得失何如？

哲學、文學、美術、音樂、工藝、科學等，各時代進展之迹何如？其價值何如？

各時代所受外國文化之影響何如？我文化之曾貢獻或將貢獻於世界者何如？

上所論列，不過略舉綱領，未云詳盡也。要之現代之史，必注目於此等事項，校其總成績以求其因果，然後史之爲物，乃與吾儕之生活不生距離，而讀史者乃能親切而有味。舉要言之，則中國史之主的如下：

第一，說明中國民族成立發展之迹，而推求其所以能保存盛大之故，且察其有無衰敗之徵。

第二，說明歷史上曾活動於中國境內者幾何族，我族與他族調和衝突之迹何如？其所產結果何如？

第三，說明中國民族所產文化，以何爲基本，其與世界他部分文化相互之影響何如？

第四，說明中國民族在人類全體上之位置及其特性，與其將來對於全人類所應負之責任。

遵斯軌也，庶可語於史矣。

注一　看英人韋爾思H. G. Wells　所著《史綱》*Outline of History*初版第二四七頁。

注二　《史記》敘秦定蜀事，僅〈秦本紀〉中有「六年，蜀侯煇反，司馬錯定之[1]」十一字。《三國志》敘蜀平蠻事，僅〈後主傳〉中有「三年，春，三月，丞相亮南征四郡，四郡皆平。改益州郡為建寧郡，分建寧水昌郡為雲南郡，又分建寧牂牁為興古郡」凡四十四字。又〈諸葛亮傳〉中有「三年，春，亮率眾南征。其秋悉平。軍資所出，國以富饒」凡二十字。此兩役可謂史上極重要之事實，然正史所紀乃簡略至此，使非有《戰國策》、《華陽國志》等稍補其闕，則此西南徼兩片大地，何以能與中原民族發生關係，吾儕將懵無所知矣。

1　「定之」原作「定蜀」。

第二章　過去之中國史學界

人類曷爲而有史耶？曷爲惟人類爲能有史耶？人類又曷爲而貴有史耶？人類所以優勝於其他生物者，以其富於記憶力與摹仿性：常能貯藏其先世所遺傳之智識與情感，成爲一種「業力」，以作自己生活基礎。而各人在世生活數十年中，一方面既承襲所遺傳之智識情感；一方面又受同時之人之智識情感所熏染；一方面又自浚發其智識情感；於是復成爲一種新業力以貽諸後來。如是輾轉遞增，輾轉遞蛻，而世運乃日進而無極。此中關鍵，則在先輩常以其所經驗之事實及所推想之事理指導後輩，後輩則將其所受之指導，應用於實際生活，而經驗與推想皆次第擴充而增長。此種方法，在高等動物中，已解用之。如犬如猴……等等，常能以己之動作指導或暗示其幼兒，其幼兒亦不怠於記憶與摹仿，此固與人類非大有異也。而人類所以優勝者，乃在記憶摹仿之能繼續。他種動物之指導暗示，恆及身而止；第一代所指導暗示者，無術以傳至第二第三代，故第二第三代之指導暗示，亦無以加乎其舊。人類不然；先代所指導所暗示，常能以記誦或紀錄的形式，傳諸後代。歷數百年數千年而不失墜。其所以能遞增遞蛻者皆恃此。此即史之所由起，與史之所以爲有用也。

最初之史烏乎起？當人類之漸進而形成一族屬或一部落也，其族部之長老，每當游獵鬥戰之隙暇，或值佳辰令節，輒聚其子姓，三三五五，圍爐藉草，縱談己身或其先代所經之恐怖、所演之武勇……等等，聽者則娓娓忘倦，興會飆舉。其間有格外奇特之情節可歌可泣者，則蟠鏤於聽衆之腦中，湔拔不去，輾轉作談料，歷數代而未已，其事迹遂取得史的性質。所謂「十口相傳爲古」也。史蹟之起源，罔不由是。今世北歐諸優秀民族如日耳曼人、荷蘭人、英人等，每當基督誕節，猶有家族團聚徹夜談故事之俗，其近代名著如熙禮爾之詩、華克拿之劇，多取材於此等傳說，此即初民演史之遺影也。

最初之史，用何種體裁以記述耶？據吾儕所臆推，蓋以詩歌。古代文字傳寫甚不便，或且并文字亦未完具，故其對於過去影事之保存，不恃紀錄而恃記誦。而最便於記誦者，則韻語也。試觀老聃之談道，孔子之贊《易》，乃至秦漢間人所造之小學書，皆最喜用韻，彼其時文化程度已極高，猶且如此，古代抑可推矣。《四吠陀》中之一部分，印度最古之社會史宗教史也，皆用梵歌。此蓋由人類文化漸進之後，其所受之傳說日豐日頤，勢難悉記，思用簡便易誦之法以永其傳；一方面則愛美的觀念，日益發達，自然有長於文學之人，將傳說之深入人心者播諸詩歌以應社會之需；於是乎有史詩。是故邃古傳說，可謂爲「不文的」之史；其「成文的」史則自史詩始。我國史之發展，殆亦不能外此公例。古詩或刪或佚，不盡傳於今日，但以今存之《詩經》三百篇論，其屬於純粹的史詩體裁者尚多篇。例如：

〈玄鳥〉篇——天命玄鳥，降而生商。宅殷土芒芒。古帝命武湯，正域彼四方。……

〈長發〉篇——洪水芒芒，禹敷下土方。外大國是疆。……有娀方將，帝立子生商。……玄王桓撥，……率履不越。……相土烈烈，海外有截。……武王載旆，有虔秉鉞。……韋顧既伐，昆吾夏桀。……

〈殷武〉篇——撻彼殷武，奮伐荊楚，罙入其阻。……昔有成湯，自彼氐羌，莫敢不來享，莫敢不來王。……

〈生民〉篇——厥初生民，時維姜嫄。……履帝武敏歆。……載震載夙，載生載育，時維后稷。……

〈公劉〉篇——篤公劉，匪居匪康。……迺裹糇糧，於橐於囊，……干戈戚揚，爰方啓行。……篤公劉，於豳斯館，涉渭爲亂。取厲取鍛，止基乃理。……

〈六月〉篇——六月棲棲，戎車既飭。……玁狁孔熾，我是用急。……玁狁匪茹，整居焦獲。侵鎬及方，至於涇陽。……薄伐玁狁，至於太原。文武吉甫，萬邦爲憲。

此等詩篇，殆可指爲中國最初之史。〈玄鳥〉、〈生民〉等，述商周開國之迹，半雜神話；〈殷武〉、〈六月〉等，鋪敘武功，人地粲然；觀其詩之內容，而時代之先後，亦略可推也。此等史詩，所述之事既饒興趣，文章復極優美。一般人民咸愛而誦之，則相與謳思其先烈而篤念其邦家，而所謂「民族心」者，遂於茲播殖焉。史之最大作用，蓋已見端矣。

中國於各種學問中，惟史學爲最發達；史學在世界各國中，惟中國爲最發達。（二百年前可云如此。）其原因何在，吾未能斷言。然史官建置之早，與職責之崇，或亦其一因也。泰西史官之建置沿革，吾未深考；中國則起源確甚古，其在邃古，如黃帝之史倉頡、沮誦等，雖不必深信；然最遲至殷時必已有史官，則吾儕從現存金文甲文諸遺迹中可以證明。吾儕又據《尚書》、

《國語》、《左傳》諸書所稱述，確知周代史職已有分科，有大史小史內史外史左史右史等名目。又知不惟王朝有史官，乃至諸侯之國及卿大夫之家，莫不皆有。（注一）又知古代史官，實爲一社會之最高學府，其職不徒在作史而已，乃兼爲王侯公卿之高等顧問，每遇疑難，諮以決焉。（注二）所以者何？蓋人類本有戀舊之通性，而中國人尤甚；故設專司以紀錄舊聞，認爲國家重要政務之一。既職在記述，則凡有關於人事之簿籍，皆歸其保存，故史官漸成爲智識之中樞。（注三）又古代官人以世，其累代襲此業者，漸形成國中之學問階級。例如周任、史佚之徒，幾於吐辭爲經；先秦第一哲學家老子，其職即周之守藏史也。漢魏以降，世官之制雖革，而史官之華貴不替。所謂「文學侍從之臣」，歷代皆妙選人才以充其職。每當易姓之後，修前代之史，則更網羅一時學者，不遺餘力，故得人往往稱盛焉。三千年來史乘，常以此等史官之著述爲中心。雖不無流弊，（說詳下）然以專才任專職，習慣上法律上皆認爲一種重要事業，故我國史形式上之完備，他國殆莫與京也。

古代史官所作史，蓋爲文句極簡之編年體。晉代從汲冢所得之《竹書紀年》，經學者考定爲戰國時魏史官所記者，即其代表。惜原書今復散佚，不能全睹其眞面目。惟孔子所修《春秋》，體裁似悉依魯史官之舊。吾儕得藉此以窺見古代所謂正史者，其內容爲何如。《春秋》第一年云：「元年，春，王正月。三月，公及邾儀父盟於蔑。夏，五月，鄭伯克段於鄢。秋，七月，天王使宰咺來歸惠公仲子之賵。九月，及宋人盟於宿。冬，十有二月，祭伯來。公子益師卒。」

吾儕以今代的史眼讀之，不能不大詫異：第一，其文句簡短，達於極點，每條最長者不過四十餘字，（如〈定四年〉云：「三月，公會劉子、晉侯、宋公、蔡侯、衛侯、陳子、鄭伯、許男、曹伯、莒子、邾子、頓子、胡子、滕子、薛伯、杞伯、小邾子、齊國夏於召陵，侵楚。」）最短者乃僅一字。（如〈隱八年〉云：「螟。」）第二，一條紀一事，不相聯屬，絕類村店所用之流水帳簿。每年多則十數條，少則三四條；（《竹書紀年》記夏殷事，有數十年乃得一條者。）又絕無組織，任意斷自某年，皆成起訖。第三，所記僅各國宮廷事，或宮廷間相互之關係，而於社會情形一無所及。第四，天災地變等現象，本非歷史事項者，反一一注意詳記。吾儕因此可推知當時之史的觀念，及史的範圍，非惟與今日不同，即與秦漢後亦大有異。又可見當時之史，只能謂之簿錄，不能謂之著述。雖然，世界上正式的年代史，恐不能不推我國史官所記爲最古。（注四）《竹書紀年》起自夏禹，距今既四千年。即《春秋》爲孔子斷代之書，亦既當西紀前七二二至四八一年；其時歐洲史蹟，有年可稽者尚絕稀也。此類之史，當春秋戰國間，各國皆有。故孟子稱「晉之《乘》，楚之《檮杌》，魯之《春秋》」；墨子稱「周之《春秋》，燕之《春秋》，宋之《春秋》」[1]，又稱「百國《春秋》」，則其時史書之多，略可概見。乃自秦火之後，蕩然無存，司馬遷著書時，已無由資其參驗。（注五）汲冢幸得碩果，旋又壞於宋後之竄亂。（注六）而孔子所修，又藉以寄其微言大義，只能做經讀，不能做史讀。（注七）於是二千

1 《墨子・明鬼》有「著在周之《春秋》」、「著在燕之《春秋》」、「著在宋之《春秋》」諸語。

年前爛若繁星之古史，竟無一完璧以傳諸今日。吁！可傷也。

同時復有一種近於史類之書。其名曰「書」，或曰「志」，或曰「記」。今六經中之《尚書》，即屬此類。《漢書·藝文志》謂：「左史記言，右史記事；事爲《春秋》，言爲《尚書》。」此種嚴格的分類，是否古代所有，雖屬疑問。要之此類記載，必發源甚古。觀春秋戰國時人語常引夏志、商志、周志、或周書、周記等文，可知也。此等書蓋錄存古代策命告誓之原文，性質頗似檔案，又似文選。但使非出杜撰，自應認爲最可寶之史料。蓋不惟篇中所記事實，直接有關於史蹟，即單詞片語之格言，亦有時代思想之背景在其後也。此類書現存者有《尚書》二十八篇，（注八）其年代上起堯舜，下訖春秋之秦穆。然應否全部認爲正當史料，尚屬疑問。此外尚有《逸周書》若干篇，眞贋參半；（注九）然其眞之部分，吾儕應認爲與《尚書》有同等之價值也。

《春秋》、《尚書》二體，皆可稱爲古代正史；然此外尚非無史籍焉。蓋文字之用既日廣，疇昔十口相傳者，漸皆著諸竹帛，其種類非一。例如《左傳》所稱《三墳》、《五典》、《八索》、《九丘》，《莊子》所稱《金版》、《六弢》，《孟子》所云「於《傳》有之」，其書今雖皆不傳，然可懸想其中所記，皆前言往行之屬也。汲冢所得古書，有《瑣語》，有《雜書》，有《穆天子傳》；其《雜書》中，有《周食田法》，有《美人盛姬死事》。（《穆天子傳》及《美人盛姬死事》，今存。《瑣語》亦有輯佚本。）凡此皆正史以外之紀錄，即後世別史雜史之濫觴。計先秦以前此類書當不少，大抵皆經秦火而亡。《漢書·藝文志》中各書目，或有一部分屬此類，惜今并此不得見矣。

右三類者，或爲形式的官書，或爲備忘的隨筆，皆未足以言著述。史學界最初有組織之名著，則春秋、戰國間得二書焉，一曰左丘之《國語》，二曰不知撰人之《世本》。左丘或稱左丘明；今本《左傳》，共稱爲彼所撰。然據《史記》所稱述，則彼固名丘不名丘明，僅撰《國語》而未撰《左傳》；或謂今本《左傳》乃漢人割裂《國語》以僞撰，其說當否且勿深論。但《國語》若既經割裂，則亦必須與《左傳》合讀，然後左氏之面目得具見也。左氏書之特色：第一，不以一國爲中心點，而將當時數個主要的文化國，平均敘述。蓋自春秋以降，我族已漸爲地方的發展，非從各方面綜合研究，不能得其全相。當時史官之作，大抵皆偏重王室或偏重於其本國。（例如《春秋》以魯爲中心。《竹書紀年》自周東遷後，以晉爲中心；三家分晉後，以魏爲中心。）左氏反是，能平均注意於全部。其《國語》將周魯齊晉鄭楚吳越諸國分篇敘述，無所偏畸。《左傳》是否原文，雖未敢斷；即以今本論之，其溥徧的精神，固可見也。第二，其敘述不局於政治，常涉及全社會之各方面。左氏對於一時之典章與大事，固多詳敘；而所謂「瑣語」之一類，亦採擇不遺。故能寫出當時社會之活態，予吾儕以頗明瞭之印象。第三，其敘事有系統，有別裁，確成爲一種「組織體的」著述。彼「帳簿式」之《春秋》，「文選式」之《尚書》，雖極莊嚴典重，而讀者寡味矣。左氏之書，其斷片的敘事，雖亦不少；然對於重大問題，時復溯原竟委，前後照應，能使讀者相悅以解。此三特色者，皆以前史家所無。劉知幾云：「左氏爲書，不遵古法。……然而言事相兼，煩省合理。」（《史通·載言篇》。）誠哉然也。故左丘可謂商周以來史界之革命也，又秦漢以降史界不祧之大宗也。左丘舊云孔子弟子，但細讀其書，頗有似三家分晉、田氏篡齊以後所追述者。苟非經後人竄亂，則此公著書，應在戰國初年，恐不逮事孔子矣。希臘大史家希羅多德生於紀前四八四年，即孔子卒前六年，恰與左氏並世。不朽大業，東西同揆，亦人類史中一佳話也。

《世本》一書，宋時已佚；然其書爲《史記》之藍本，則司馬遷嘗自言之。今據諸書所徵引，知其內容篇目，有〈帝系〉，有〈世家〉，有〈傳〉，有〈譜〉，有〈氏姓篇〉，有〈居篇〉，有〈作篇〉。〈帝系〉、〈世家〉及〈氏姓篇〉，敘王侯及各貴族之系牒也；〈傳〉者，記名人事狀也；〈譜〉者，年表之屬，《史》注所謂旁行斜上之〈周譜〉也；〈居篇〉則滙記王侯國邑之宅都焉；〈作篇〉則記各事物之起源焉。（注十）吾儕但觀其篇目，即可知其書與前史大異者兩點：其一，開後此分析的綜合的研究之端緒。彼能將史料縱切橫斷，分別部居，俾讀者得所比較以資推論也。其二，特注重於社會的事項。前史純以政治爲中心，彼乃詳及氏姓、居、作等事；已頗具文化史的性質也。惜著述者不得其名，原書且久隨灰燼。而不然者，當與左氏同受吾儕尸祝也。

史界太祖，端推司馬遷。遷之年代，後左丘約四百年。此四百年間之中國社會，譬之於水，其猶經百川競流波瀾壯闊以後，乃滙爲湖泊，恬波不揚。民族則由分展而趨統一；政治則革閥族而歸獨裁；學術則倦貢新而思竺舊。而遷之《史記》，則作於其間。遷之先，既世爲周史官；遷襲父談業，爲漢太史；其學蓋有所受。遷之自言曰：「余所謂述故事，整齊其世傳，非所謂作也。」（〈太史公自序〉。）然而又曰：「考之行事，稽其成敗興壞之理，……欲以究天人之際，通古今之變，成一家之言。」（〈報任安書〉。）蓋遷實欲建設一歷史哲學，而借事實以爲發明。故又孔引子之言以自況，謂：「載之空言，不如見之行事之深切著明。[2]」（〈自序〉。）舊史官記事實而無目的，孔子作《春秋》，時或爲目的而犧牲事實。其懷抱深遠之目的，而又忠勤於事實者，惟遷爲兼之。遷書取材於《國語》、《世本》、《戰國策》、《楚漢春秋》……等，以十二本紀、十表、八書、三十世家、七十列傳組織而成。其本紀以事繫年，取則於春秋；其八書詳記政制，蛻形於《尚書》；其十表稽牒作譜，印範於《世本》；其世家列傳，既宗雅記，亦採瑣語，則《國語》之遺規也。諸體雖非皆遷所自創，而遷實集其大成，兼綜諸體而調和之，使互相補而各盡其用。此足徵遷組織力之強，而文章技術之妙也。班固述劉向、揚雄之言，謂「遷有良史之材，善序事理。」[3]（《漢書》本傳贊。）鄭樵謂「自《春秋》後，惟《史記》擅制作之規模。」[4]（《通志．總序》。）諒矣。其最異於前史者一事：曰以人物爲本位。故其書廁諸世界著作之林，其價值乃頗類布爾達克之《英雄傳》；其年代略相先後，（布爾達克後司馬遷約二百年。）其文章之佳妙同，其影響所被之廣且遠，亦略同也。後人或能譏彈遷

2「見之」後原有「於」字。
3「善序」上刪去二字。
4「春秋」後原有「之」字。

書；然遷書固已皋牢百代，二千年來所謂正史者，莫能越其範圍。豈後人創作力不逮古耶？抑遷自有其不朽者存也。

司馬遷以前，無所謂史學也。《漢書．藝文志》以史書附於六藝略之春秋家，著錄者僅四百二十五篇；（其在遷前者僅百九十一篇。）及《隋書．經籍志》史部著錄，乃驟至一萬六千五百八十五卷；數百年間，加增四十倍。此遷以後史學開放之明效也。古者惟史官爲能作史。私人作史，自孔子始，然孔子非史家，吾既言之矣。司馬遷雖身爲史官，而其書實爲私撰。觀其傳授淵源，出自其外孫楊惲，斯可證也。（看《漢書．惲傳》。）遷書出後，續者蠭起；見於本書者有褚少孫；見於《七略》者有馮商；見於《後漢書．班彪傳》注及《史通》者，有劉向等十六人；見於《通志》者有賈逵。其人大率皆非史官也。班固雖嘗爲蘭臺令史，然其著《漢書》，實非以史官資格；故當時猶以私改史記構罪繫獄焉。（看《後漢書》本傳。）至如魚豢、孫盛、王銓、王隱、習鑿齒、華嶠、陳壽、袁宏、范曄、何法盛、臧榮緒輩，則皆非史官。（看《史通．正史篇》。）曷爲古代必史官乃能作史，而漢以後則否耶？世官之制，至漢已革，前此史官專有之智識，今已漸爲社會所公有，此其一也。文化工具日新，著寫傳抄收藏之法皆加便，史料容易搜集，此其二也。遷書既美善，引起學者研究興味，社會靡然向風，此其三也。自茲以還，蔚爲大國。兩晉六朝，百學蕪穢，而治史者獨盛，在晉尤著。讀《隋書．經籍志》及清丁國鈞之《補晉書藝文志》可見也。故吾常謂晉代玄學之外，惟有史學；而我國史學界，亦以晉爲全盛時代。

斷代爲史，始於班固。劉知幾極推尊此體，謂其「包舉一代，撰成一書。學者尋討，易爲其功。[5]」（《史通．六家篇》。）鄭樵則極詆之，謂：「善學司馬遷者，莫如班彪。彪續遷書，自孝武至於後漢。欲令後人之續己，如己之續遷；既無衍文，又無絕緒。……固爲彪之子，不能傳其業。……斷代爲史，無復相因之格。……會通之道，自此失矣。」[6]（《通志．總序》。）此兩種反對之批評，吾儕蓋祖鄭樵。樵從編纂義例上論斷代之失，其言既已博深切明。（看原文。）然遷固兩體之區別，在歷史觀念上尤有絕大之意義焉：《史記》以社會全體爲史的中樞，故不失爲國民的歷史；《漢書》以下，則以帝室爲史的中樞，自是而史乃變爲帝王家譜矣。夫史之爲狀，如流水然，抽刀斷之，不可得斷。今之治史者，強分爲古代中世近世，猶苦不能得正當標準；而況可以一朝代之興亡爲之劃分耶？史名而冠以朝代，是明告人以我之此書爲某朝代之主人而作也。是故南朝不得不謂北爲索虜，北朝不得不謂南爲島夷，王凌、諸葛誕、毌丘儉之徒，著晉史者勢不能不稱爲賊；而雖以私淑孔子自命維持名教之歐陽修，其《新五代史》開宗明義第一句，亦不能不對於積年劇盜朱溫其人者，大書特書稱爲「太祖神武元聖孝皇帝」也。斷代史之根本謬誤在此。而今者官書二十四部，咸率循而莫敢立異，則班固作俑之力，其亦偉矣。

章學誠曰：「遷書一變而爲班氏之斷代，遷書通變化，而班氏守繩墨，以示包括也。後

5 「一書」後有刪略。
6 「彪之子」後有刪略。

世失班史之意，而以紀、表、志、傳，同於科舉之程式、官府之簿書，則於記注撰述，兩無所取。[7]」又曰：「紀傳行之千有餘年，學者相承，殆如夏葛冬裘，渴飲饑食，無更易矣。然無別識心裁可以傳世行遠工具。……」（《文史通義．書教篇》。）此言班書以下。作者皆陳陳相因，無復創作精神。其論至痛切矣。然今所謂二十四史者，其品之良穢亦至不齊。同在一體裁中，而價值自固有高下。前人比較評騭之論既甚多；所評當否，當由讀者自懸一標準以衡審之；故今不具論。惟有一明顯之分野最當注意者：則唐以前書皆私撰而成於一人之手，唐以後書皆官撰而成於多人之手也。最有名之馬、班、陳、范四史，皆出私撰，前已具陳。即沈約、蕭子顯、魏收之流，雖身爲史官，奉敕編述；然其書什九，獨力所成。自唐太宗以後，而此風一變。太宗既以雄才大略，削平天下，又以「右文」自命，思與學者爭席。因欲自作陸機、王羲之兩傳贊，乃命史臣別修《晉書》，書成而舊著十八家俱廢。（看《史通．正史篇》。）同時又敕撰梁陳齊周隋五書，皆大開史局，置員猥多，而以貴官領其事。自茲以往，習爲成例。於是著作之業，等於奉公；編述之人，名實乖迕。例如房喬、魏徵、劉昫、托克托、宋濂、張廷玉等，尸名爲某史撰人，而實則於其書無與也。蓋自唐以後，除李延壽《南史》、《北史》，歐陽修《新五代史》之外，其餘諸史，皆在此種條件之下而成立者也。此種官撰合撰之史，其最大流弊，則在著者無

7 「包括也」後有刪略，「後世」原作「後史」，「所取」原作「所似」。

責任心。劉知幾傷之曰：「每欲記一事載一言，皆閣筆相視，含毫不斷。故頭白可期，汗青無日。」8又曰：「史官記注，取稟監修。一國三公，適從何在？」9（《史通・忤時篇》。）既無從負責，則群相率於不負責，此自然之數矣。坐此之故，則著者之個性湮滅，而其書無復精神。司馬遷忍辱發憤，其目的乃在「成一家之言」。班、范諸賢，亦同斯志，故讀其書而著者之思想品格皆見焉。歐陽修《新五代史》，其價值如何，雖評者異辭，要之固修之面目也。若隨唐宋元明諸史，則如聚群匠共畫一壁，非復藝術，不過一絕無生命之粉本而已。坐此之故，并史家之技術，亦無所得施。史料之別裁，史筆之運用，雖有名手，亦往往被牽掣而不能行其志，故愈晚出之史，卷帙愈增，而蕪累亦愈甚也。（《明史》不在此例。）萬斯同有言：「治史者，譬如入人之室，始而周其堂寢匽湢焉，繼而知其蓄產禮俗焉，久之，其男女少長性質剛柔輕重無不習察，然後可制其家之事也。官修之史，倉卒而成於衆人，不暇擇其材之宜與事之習，是猶招市人而與謀室中之事耳。」10（方苞撰〈萬季野墓表〉。）此言可謂博深切明。蓋我國古代史學，因置史官而極發達，其近代史學，亦因置史宮而漸衰敝。則史官之性質，今有以異於古所云也。

與紀傳體並峙者爲編年體。帳簿式之舊編年體，起源最古，既如前述。其內容豐富而有組

8　「汗青」前原有「而」字。
9　「記注」原作「注記」，「取稟」上原有「而」字，此句下有刪略。
10　「治史者」三字原無，「輕重」後原有「賢愚」二字。

織之新編年體，舊說以爲起於《左傳》。雖然，以近世學者所考訂，則左氏書原來之組織，殆非如是。故論此體鼻祖，與其謂祖左氏，毋寧謂祖陸賈之《楚漢春秋》。惜賈書今佚，其眞面目如何，不得確知也。漢獻帝以《漢書》繁博難讀，詔荀悅要刪之；悅乃撰爲《漢紀》三十卷，此現存新編年體之第一部書也。悅自述謂「列其年月，比其時事。撮要舉凡，存其大體；以副本書。」[11]又謂：「省約易習，無妨本書。」語其著作動機，不過節抄舊書耳。然結構既新，遂成創作。蓋紀傳體之長處，在內容繁富，社會各部分情狀，皆可以納入；其短處在事迹分隸凌亂，其年代又重複，勢不可避。劉知幾所謂：「同爲一事，分爲數篇，斷續相離，前後屢出。……又編次同類，不求年月；……故賈誼與屈原同列，曹沫與荊軻並編。」[12]（《史通．二體》篇。）此皆其弊也。《漢紀》之作，以年繫事，易人物本位爲時際本位，學者便焉。悅之後，則有張璠、袁宏之《後漢紀》，孫盛之《魏春秋》，習鑿齒之《漢晉春秋》，干寶、徐廣之《晉紀》，裴子野之《宋略》，吳均之《齊春秋》，何之元之《梁典》……等。（現存者僅荀、袁二家。）蓋自班固以後，紀傳體既斷代爲書；故自荀悅以後，編年體亦循其則。每易一姓，紀傳家既爲作一《書》，編年家復爲作一《紀》，而皆繫以朝代之名。斷代施諸紀傳，識者猶譏之；編年效顰，其益可以已矣。宋司馬光毅然矯之，作《資治通鑑》，以續《左傳》。上紀戰國，下終五

11 「大體」下有刪略。

12 「分為」原作「分在」；末二句原文為「遂使漢之賈誼將楚屈原同列，魯之曹沫與燕荊軻併編」。

代，（西紀前四〇三至後九五九，）千三百六十二年間大事，按年記載，一氣銜接。光本邃於掌故；（觀所著《涑水紀聞》可見。）其別裁之力又甚強。（觀《通鑑考異》可見。）其書斷制有法度。胡三省注而序之曰：「溫公遍閱舊史，旁採小說，抉擿幽隱，薈萃爲書。而修書分屬，漢則劉攽，三國訖於南北朝則劉恕，唐則范祖禹，皆天下選也，歷十九年而成。[13]」其所經緯規制，確爲中古以降一大創作。故至今傳習之盛，與《史》、《漢》埒。後此朱熹因其書稍加點竄，作《通鑑綱目》，竊比孔氏之《春秋》，然終莫能奪也。光書既訖五代，後人紛紛踵而續之；卒未有能及光者。故吾國史界，稱前後兩司馬焉。

善抄書者可以成創作。荀悅《漢紀》而後，又見之於宋袁樞之《通鑑紀事本末》。編年體以年爲經，以事爲緯，使讀者能了然於史蹟之時際的關係，此其所長也。然史蹟固有連續性，一事或亙數年或亙百數十年。編年體之記述，無論若何巧妙，其本質總不能離帳簿式。讀本年所記之事，其原因在若干年前者，或已忘其來歷；其結果在若干年後者，苦不能得其究竟。非直翻檢爲勞；抑亦寡味矣。樞抄《通鑑》，以事爲起訖；千六百餘年之書，約之爲二百三十有九事。其始亦不過感翻檢之苦痛，爲自己研究此書謀一方便耳。及其既成，則於斯界別闢一蹊徑焉。楊萬里敘之曰：「搴事之成，以後於其萌；提事之微，以先於其明。其情匿而泄；其故悉而約。」蓋

13 「范祖禹」下刪去一句。

紀傳體以人爲主，編年體以年爲主，而紀事本末體以事爲主。夫欲求史蹟之原因結果以爲鑑往知來之用，非以事爲主不可。故紀事本末體，於吾儕之理想的新史最爲相近，抑亦舊史界進化之極軌也。章學誠曰：「本末之爲體，因事命篇，不爲常格；非深知古今大體天下經綸，不能網羅隱括，無遺無濫。文省於紀傳，事豁於編年；決斷去取，體圓用神。……在袁氏初無其意，且其學亦未足語此。……但既其成法，沉思冥索，加以神明變化，則古史之原，隱然可見。」[14]（《文史通義．書教篇》。）其論當矣。樞所述僅局於政治，其於社會他部分之事項多付闕如。其分目又仍涉瑣碎，未極貫通之能事。然彼本以抄《通鑑》爲職志，所述不容出《通鑑》外，則著書體例宜然。即提要鈎玄[15]之功，亦愈後起而愈易致力；未可以吾儕今日之眼光苛責古人也。樞書出後，明清兩代踵作頗多。然謹嚴精粹，亦未有能及樞者。

紀傳體中有書志一門，蓋導源於《尚書》，而旨趣在專記文物制度。此又與吾儕所要求之新史較爲接近者也。然茲事所貴在會通古今，觀其沿革。各史斷代爲書，乃發生兩種困難：苟不追敘前代，則源委不明，追敘太多，則繁複取厭。況各史非皆有志，有志之史，其篇目亦互相出入。遇所闕遺，見斯滯矣。於是乎有統括史志之必要。其卓然成一創作以應此要求者，則唐杜佑之《通典》也。其書「採五經群史，上自黃帝，至於有唐天寶之末。每事以類相從，舉其始終歷

14 「為體」後原有「也」字，「語」原作「與」。
15 「玄」原文作「元」。

代沿革廢置，及當時群士論議得失，靡不條載，附之於事。如人支脈，散綴於體」（李翰《序》文。）此實史志著作之一進化也。其後元馬端臨仿之作《文獻通考》，雖篇目較繁備，徵引較雜博，然無別識，無通裁，（章學誠《文史通義》評彼書語。）僅便翻檢而已。

有通鑑而政事通，有《通典》而政制通，正史斷代之不便，矯正過半矣；然猶未盡也。梁武帝敕吳均等作《通史》，上自漢之太初，下終齊室。意欲破除朝代界限，直接遷書，厥意甚盛。但其書久佚，無從批評。劉知幾譏其蕪累，謂「使學者寧習本書，怠窺新錄。」[16]（《史通・六家篇》。）想或然也。宋鄭樵生左、馬千歲之後，奮高掌邁遠蹠以作《通志》，可謂豪傑之士也，其〈自序〉抨擊班固以下斷代之弊，語語皆中窾要。清章學誠益助樵張目，嘗曰：「通史之修，其便有六：一曰免重複，二曰均類例，三曰便銓配，四曰平是非，五曰去牴牾，六曰詳鄰事。其長有二：一曰具剪裁，二曰立家法。」又曰：「鄭氏《通志》，卓識名理，獨見別裁。古人不能任其先聲，後代不能出其規範。雖事實無殊舊錄，而諸子之意，寓於史裁。」[17]（《文史通義・釋通篇》。）其所以推獎者至矣。吾儕固深贊鄭、章之論，認通史之修爲不可以已；其於樵之別裁精鑑，亦所心折。雖然，吾儕讀《通志》一書，除二十略外，竟不能發現其有何等價值。意者仍所謂「寧習本書怠窺新錄」者耶？樵雖抱宏願，然終是向司馬遷圈中討生活。松柏之

16 「怠」前原有「而」字。
17 「而」後原有「辨名正物」四字。

下，其草不植，樵之失敗，宜也。然僅二十略，固自足以不朽。史界之有樵，若光芒竟天之一彗星焉。

右所述爲舊目錄家所指紀傳、編年、紀事本末、政書之四體，皆於創作之人加以評騭，而踵效者略焉。二千年來斯學進化軌迹，略可見矣。自餘史部之書，《隋書·經籍志》分爲雜史、霸史、起居注、故事、職官、雜傳、儀注，刑法、目錄、譜牒、地理，凡十一門。《史通·雜述篇》臚舉遍記，小錄、逸事、瑣言、郡書、家史、別傳、雜記、地理書、都邑簿，凡十種。此後累代著錄，門類皆小異而大同。以吾觀之，可中分爲二大類：一曰供後人著史之原料者，二曰製成局部的史籍者。第一類，並未嘗經錘煉組織，不過爲照例的或一時的之紀錄，備後世作者之搜採。其在官書，則如起居注、實錄、諭旨、方略之類；如儀注、通禮、律例、會典之類。其在私著，則或專記一地方，如趙歧《三輔決錄》、潘岳《關中記》等；或在一地方中復專記一事類，如陸機《健康宮殿記》、楊衒之《洛陽伽藍記》、楊孚《交州異物志》等；或專記一時代，如陸賈《楚漢春秋》、王度《二石僞治時事》等；或在一時代中專記一事，如《晉修復山陵故事》、《晉八王故事》等；有專記一類人物者，如劉向《列女傳》、皇甫謐《高士傳》等；有記人物復限於一地方或一年代者，如陳壽《益部耆舊傳》、謝承《會稽先賢傳》、袁敬仲《正始名士傳》等；有專爲一家或一人作傳者，如江統之《江氏家傳》、范汪之《范氏家傳》、慧立之《慈恩法師傳》等；或記載遊歷見聞，如郭象《述徵記》、法顯《佛國記》等；或採錄異聞，作半小說體，如《山海經》、《穆天子傳》、《飛燕外傳》等；或拾遺識小聊供談噱，如劉義慶《世說》、裴榮期《語林》等。凡此皆未嘗以述作自居，惟取供述作者之資料而已。（右所舉例，皆取諸隋唐兩《志》，其書今存者希。）

其第二類，則搜集許多資料，經一番組織之後，確成一著述之體裁。但所敘者屬於某種事狀，其性質為局部的，而與正史編年等含有普遍性質者殊科焉。此類之書，發達最早者為地方史，常璩之《華陽國志》，其標本也；其流衍為各省府州縣之方志。次則法制史，如《歷代職官表》、《歷代鹽法志》等類。次則宗教或學術史，如《佛祖歷代通載》、《明儒學案》等類。其餘專明一義如律曆、金石、目錄……等等，所在多有；然衰然可觀者實稀。蓋我國此類著述，發達尚幼稚也。

史籍既多，則注釋考證，自然踵起。注釋有二：一曰注訓詁，如裴駰、徐野民等之於《史記》，應劭、如淳等之於《漢書》。二曰注事實，如裴松之之於《三國志》。前者於史蹟無甚關係，後者則與本書相輔矣。考證者，所以審定史料之是否正確，實為史家求徵信之要具。《隋書·經籍志》有劉寶之《漢書駁議》、姚察之《定漢書疑》，蓋此類書之最古者。司馬光既寫定《通鑑》，即自為《考異》三十卷，亦著述家之好模範也。大抵考證之業，宋儒始引其緒，劉攽、洪邁輩之書，稍有可觀。至清而大盛，其最著者如錢大昕之《廿二史考異》，王鳴盛之《十七史商榷》，趙翼之《廿二史劄記》。其他關於一書一篇一事之考證，往往析入毫芒，其作者不可僂指焉。

近代著錄家，多別立史評一門。史評有二：一批評史蹟者；二批評史書者。批評史蹟者，對於歷史上所發生之事項而加以評論。蓋《左傳》、《史記》已發其端，後此各正史及通鑑皆因之。亦有泐爲專篇者，如賈誼〈過秦論〉、陸機〈辨亡論〉之類是也。宋明以後，益尚浮議；於是有史論專書，如呂祖謙之《東萊博議》、張溥之《歷代史論》等。其末流只以供帖括剿說之資，於史學無與焉。其較有價值者，爲王夫之之《讀通鑑論》、《宋論》，雖然，此類書無論若何警拔，總易導讀者入於奮臆空談一路，故善學者弗尚焉。批評史書者，質言之，則所評即爲歷史研究法之一部分，而史學所賴以建設也。自有史學以來二千年間，得三人焉：在唐則劉知幾，其學說在《史通》；在宋則鄭樵，其學說在《通志總序》及《藝文略》、《校讎略》、《圖譜略》；在清則章學誠，其學說在《文史通義》。知幾之自述曰：「《史通》之爲書也，蓋傷當時載筆之士，其義不純；思欲辨其指歸，殫其體統。其書雖以史爲主，而餘波所及，上窮王道，下掞人倫。……蓋談經者惡聞服、杜之嗤，論史者憎言班、馬之失；而此書多譏往哲，喜述前非，獲罪於時，固其宜矣。」[18]（《史通．自敘》。）樵之自述曰：「凡著書者雖採前人之書，必自成一家之言。……臣今總天下之大學術而條其綱目，名之曰略。凡二十略，百代之憲章，學者之能事，盡於此矣。其五略，漢唐諸儒所得而聞，其十五略，漢唐之儒所不得而聞也。」[19]又曰：「夫學術造詣，本乎心識，如人入海，一入一深。臣之二十略，皆臣自有所得，不用舊史之

18 「其書」上原有「夫」字。
19 「一家」下原無「之」字；「之儒」原作「諸儒」。

文。」（《通志·總序》。）學誠自述曰：「鄭樵有史識而未有史學，曾鞏具史學而不具史法，劉知幾得史法而不得史意，此予《文史通義》所爲作也。」（〈志隅·自序〉。）又曰：「拙撰《文史通義》，中間議論開闢，實有不得已而發揮，爲千古史學闢其榛蕪。然恐驚世駭俗，爲不知己者詬厲。」（〈與汪輝祖書〉。）又曰：「吾於史學，自信發凡起例，多爲後世開山；而人乃擬吾於劉知幾。不知劉言史法，吾言史意；劉議館局纂修，吾議一家著述。」[20]（〈家書二〉。）讀此諸文，可以知三子者之所以自信爲何如；又可知彼輩卓識不見容於并時之流俗也。竊常論之，劉氏事理縝密，識力銳敏；其勇於懷疑，勤於綜核，王充以來，一人而已。其書中〈疑古〉、〈惑經〉諸篇，雖於孔子亦不曲徇，可謂最嚴正的批評態度也。章氏謂其所議僅及館局纂修，斯固然也。然鑑別史料之法，劉氏言之最精，非鄭、章所能逮也。鄭氏之學，前段已略致評。章氏評之謂「其精要在乎義例，蓋一家之言，諸子之學識而寓於諸史之規矩。」[21]（《文史通義·釋通篇》。）又謂「《通志》例有餘而質不足以副」。（〈與邵二雲書〉。）皆可謂知言。然劉、章惟有論史學之書，而未嘗自著成一史，鄭氏則既出所學以與吾人共見，而確信彼自有其不朽者存矣。章氏生劉、鄭之後，較其短長以自出機杼，自更易爲功。而彼於學術大原，實自有一種融會貫通之特別見地。故所論與近代西方之史家言多有冥契。惜其所躬自撰述者，僅限

20 「史學」下原有「蓋有天授」四字。
21 「其」原作「通志」。

於方志數種。未能爲史界闢一新天地耳。要之自有左丘、司馬遷、班固、荀悅、杜佑、司馬光、袁樞諸人，然後中國始有史；自有劉知幾、鄭樵、章學誠，然後中國始有史學矣。至其持論多有爲吾儕所不敢苟同者，則時代使然、環境使然，未可以居今日而輕謗前輩也。

吾草此章將竟，對於與吾儕最接近之清代史學界，更當置數言：前清爲一切學術復興之時代，獨於史界之著作，最爲寂寥。唐宋去今如彼其遠，其文集雜著中所遺史蹟，尚累累盈望。清則捨官書及諛墓文外，殆無餘物可以相餉，史料之涸乏，未有如清者也。此其故不難察焉：試一檢康雍乾三朝諸文字之獄，則知其所以箝吾先民之口而奪之氣者，其凶悍爲何如。其敢於有所論列而倖免於文網者，吾見全祖望一人而已。（看《鮚埼亭集》。）竊位者壹意摧殘文獻以謀自固；今位則成閏矣，而已湮已亂之文獻，終不可復，哀哉耗矣。雖然，士大夫之聰明才力，終不能無所用，故壓於此者伸於彼；史學之在清代，亦非無成績之可言。章學誠之卓犖千古，前既論之矣。此外關於史界，尚有數種部分的創作：其一，如顧祖禹之《讀史方輿紀要》：其書有組織，有斷制，全書百三十卷一氣呵成爲一篇文字；以地理形勢爲經，而緯之以史蹟。其善於駕馭史料，蓋前人所莫能逮。故魏禧稱爲「數千百年絕無僅有之書」22也。其二，如顧棟高之《春秋大事表》：將全部《左傳》拆碎，而自立門類以排比之。善用其法，則於一時代之史蹟能深入而

22 據《讀史方輿紀要敘》原文，「年」後有「所」字，「無」後原有「而」字。

顯出矣。其三，如黃宗羲之《明儒學案》：實爲中國有學史之始；其書有宗旨，有條貫，異乎抄撮駁雜者。其四，如趙翼之《廿二史劄記》：此書雖與錢大昕、王鳴盛之作齊名，（見前；）然性質有絕異處。錢王皆爲狹義的考證，趙則教吾儕以搜求抽象的史料之法。昔人言「屬辭比事《春秋》之教」，趙書蓋最善於比事也。此法自宋洪邁《容齋隨筆》漸解應用，至趙而其技益進焉。此四家者，皆卓然有所建樹，足以自附於述作之林者也。其他又尚有數類書，在清代極爲發達：㈠表志之補續，自萬斯同著《歷代史表》後，繼者接踵，各史表志之缺，殆已補綴無遺，且所補常有突過前作者。㈡史文之考證，考證本爲清代樸學家專門之業，初則僅用以治經，繼乃并用以治史。此類之書有價值者毋慮百數十種。對於古籍，訂訛糾繆，經此一番整理，爲吾儕省無限精力。㈢方志之重修，各省府州縣志，什九皆有新修本，董其事者皆一時名士，乃至如章學誠輩之所懷抱，皆借此小試焉。故地方史蔚然可觀，爲前代所無。㈣年譜之流行，清儒爲古代名人作年譜者甚多，大率皆精詣之作。章學誠所謂「一人之史而可以與家史國史一代之史相取證」[23]者也。㈤外史之研究，自魏源、徐松等喜談邊徼形事，漸引起研究蒙古史蹟之興味。洪鈞之《元史譯文證補》，[24]知取材於域外，自此史家範圍益擴大，漸含有世界性矣。凡此皆清代史學之成績也。雖然，清儒所得自效於史學界者而僅如是，固已爲史學界之不幸矣。

---

23 據《韓柳二先生年譜書後》，原文作「文集者，一人之史也，家史國史與一代之史亦將取以證焉」。

24 「譯」原誤作「釋」。

我國史學根柢之深厚既如彼，故史部書之多亦實可驚。今剌取累代所著錄之部數卷數如下：

《漢書·藝文志》	一一部	四二五篇	
《隋書·經籍志》	八一七部	一三二六四卷	
《舊唐書·經籍志》	八八四部	一七九四六卷	
《宋史·藝文志》	二一四七部	四三一〇九卷	
《通志·藝文略》	二三〇一部	三七六一三卷	圖譜在外
《文獻通考·經籍考》	一〇三六部	二四〇九六卷	
《明史·藝文志》	一三一六部	三〇〇五一卷	限於明代人著作
《清四庫書目》	二一七四部	三七〇四九卷	存目合計

右所著錄者代代散佚。例如《隋志》之萬三千餘卷，今存者不過十之一二；《明志》之三萬餘卷，採入《四庫全書》者亦不過十之一二；而現存之《四庫全書》未收書及《四庫全書》編定後續出之書，尚無慮數萬卷。要而言之，自左丘、司馬遷以後，史部書曾箸竹帛者，最少亦應在十萬卷以外。其質之良否如何，暫且勿問；至於其量之豐富，實足令吾儕撟舌矣。此二千年來史學經過之大凡也。

注一　殷周史官人名見於古書者，如夏太史終古，殷內史向摯，見《呂覽》、《先識》，周史佚，見《周書・世俘》、《左・僖十五》、《周語上》。史扁，見《文選注》引《六韜》。太史辛甲，見《左・襄四》、《晉語》，《韓非・說林》。太史周任，見《論語》、《左・隱六》。左史戎夫，見《周書》、《史記》。史角，見《呂覽・當染》。史伯見《鄭語》。內史過，見《左・莊三十二》、《周語上》。內史叔興，見《左・僖十六・二十八》、《周語上》。內史叔服，見《左・文元》。太史儋，見《史記・老子傳》。史大弢[25]，見《莊子・則陽》。右吾雜舉所記憶者如此，尚未備也。

各國史官可考者，魯有太史，見《左・昭二》。鄭有太史，見《左・昭元》。齊有太史南史，見《左・襄二十五》。楚有左史，見《左・昭十二》、《楚語上》。秦趙皆有御史，見《史記・廉藺傳》。薛有傳史，見《史記・孟嘗傳》。其人名可考者，如虢有史嚚，見《晉語二》。晉有史趙、董狐，見《左・襄三十》。楚有倚相，見《左・昭十二》。有史皇，見《左・定四》。趙有史墨，見《左・昭二十九》。右亦雜舉所記，恐尚有遺漏。

注二　右所舉史官諸名，大半皆應當時公卿之顧問，而古書述其語者。

注三　衛宏《漢儀注》云：「漢法，天下計書，先上太史，副上丞相。」其言信否，雖未敢斷；然古制恐是如此，蓋史官為保管文籍一重要機關也。

注四　埃及及米梭必達迷亞諸國古史蹟，多由後人從各種遺物及雜紀錄中推尋而得，並非有正式一史書也。

注五　《史記・秦始皇本紀》云：「臣請史官非《秦紀》皆燒之。」《六國表》云：「秦焚書，諸侯史記尤甚。[26]」

25　「弢」原誤作「弢」。

26　首句原作「秦……燒天下《詩》、《書》」。

可知當時各國之史，受禍最烈。故漢興後《詩》、《書》百家語多存，而諸史則無一也。

注六 《竹書紀年》來歷，別見第三章注十八。但今所傳者非原書，蓋出宋以後人雜糅竄補。清朱右曾別輯《漢冢紀年存真》二卷，今人王國維因之，更成《古本竹書紀年輯校》一卷，稍復本來面目。然所輯僅得四百二十八條，以較《晉書・束晳傳》所云十三篇，《隋書・經籍志》所云十二卷，知其所散佚者多矣。

注七 看今人康有為《孔子改制考》、《春秋筆削大義微言考》。

注八 據漢人所傳說，謂古代《書》有三千二百四十篇，孔子刪纂之為百篇，遭秦而亡焉。漢興，由伏生傳出二十八篇，共三十三卷，即所謂《今文尚書》也；其後孔安國所傳，復多十六篇，即所謂《古文尚書》也。《古文尚書》，出而復佚焉。此事為二千年學界一大公案。是否百篇外尚有《書》？孔子所刪定是否確為百篇？孔安國之《古文尚書》為真為偽？皆屬未決之問題。惟有一事則已決定者，今《四庫》所收之《尚書》五十八卷，其中有二十五卷為東晉人所偽造，並非孔安國原本，此則經清儒閻若璩、惠棟輩所考證，久成定讞者也。今將真本二十八篇篇目列舉如下，其在此目以外諸篇，萬不容誤認為史料而徵引之也。

〈堯典第一〉（今本〈舜典〉乃割原本〈堯典〉下半而成）　〈皋陶謨第二〉（今本〈益稷〉乃割原本〈皋陶謨〉下半而成）　〈禹貢第三〉　〈甘誓第四〉　〈湯誓第五〉　〈盤庚第六〉　〈高宗肜日第七〉　〈西伯戡黎第八〉　〈微子第九〉　〈牧誓第十〉　〈洪範第十一〉　〈金縢第十二〉　〈大誥第十三〉　〈康誥第十四〉　〈酒誥第十五〉　〈梓材第十六〉　〈召誥第十七〉　〈洛誥第十八〉　〈多士第十九〉　〈毋逸第二十〉　〈君奭第二十一〉　〈多方第二十二〉　〈立政第二十三〉　〈顧命第二十四〉（今本〈康王之誥〉乃割原本〈顧命〉下半而成）　〈費誓第二十五〉　〈呂刑第二十六〉　〈文侯之命第二十七〉　〈秦誓第二十八〉。

注九 《漢書・藝文志》載《周書》七十一篇，原注云「周史記」，顏師古注云：「今之存者四十五篇矣。」今「四庫」所收有《逸周書》，七十一篇之目具在，文則佚其十篇，現存者為六十一篇，反多於唐時顏氏所見本矣。

以吾度之，今最少應有十一篇為偽造者。其餘諸篇，亦多竄亂。但某篇為真某篇為偽，未能確指，俟他日當為考證。然此書中一大部分為古代極有價值之史料，則可斷言也。

注十

《漢書．藝文志》著錄《世本》十五篇。原注云：「古史官記黃帝以來迄春秋時諸侯大夫。」《漢書．司馬遷傳》、《後漢書．班彪傳》皆言「司馬遷刪據《世本》等書作《史記》」。今據《世本》篇目以校遷書，可以知其淵源所自矣。原書宋鄭樵、王應麟尚及見，其佚當在宋元之交。清錢大昭、孫馮翼、洪飴孫、秦嘉謨、茆泮林、張澍各有輯本，茆、張二家較精審。

第三章　史之改造

吾生平有屢受窘者一事，每遇青年學子叩吾以治國史宜讀何書，輒沉吟久之而卒不能對。試思吾捨二十四史、《資治通鑑》、三通等書外，更何術以應此問？然在今日百學待治之世界，而讀此浩瀚古籍，是否為青年男女日力之所許，姑且勿論。尤當問費此莫大之日力，其所得者究能幾？吾儕欲知吾祖宗所做事業，是否求之於此而已足？豈惟僅此不足，恐雖遍讀《隋志》、《唐志》、《明史》……等所著錄之十數萬卷，猶之不足也。夫舊史既不可得遍讀，即遍讀之亦不能養吾欲而給吾求，則惟有相率於不讀而已。信如是也，吾恐不及十年而中國史學，將完全被驅出於學問圈外。夫使一國國民而可以無需國史的智識，夫復何言。而不然者，則史之改造，眞目前至急迫之一問題矣。

吾前嘗言著書須問將以供何等人之讀，今請申言此義：古代之史，是否以供人讀，蓋屬疑問。觀孔子欲得諸國史，求之甚艱；而魏史乃瘞諸汲冢中：雖不敢謂其必禁傳讀，要之其目的在珍襲於秘府，而不在廣佈於公衆，殆可斷言。後世每朝之史，必易代而始佈，故吾儕在今日，尚無《清史》可讀，此尤舊史半帶祕密性之一證也。私家之史，自是為供讀而作，然其心目中之讀者，各各不同，「孔子成《春秋》而亂臣賊子懼」，《春秋》蓋以供當時貴族中為人臣子者之讀也。司馬光《資治通鑑》，其主目的以供帝王之讀。其副目的以供大小臣僚之讀，則吾既言之矣。司馬遷《史記》，自言「藏諸名山，傳與其人1」，蓋將以供後世少數學者之讀也。自餘諸史目的略同，大率其讀者皆求諸祿仕之家與好古績學專門之士。夫著作家必針對讀者以求獲其所希望之效果，故緣讀者不同，而書之精神及其內容組織亦隨而不同，理固然也。讀者在祿仕之家，則其書宜爲專治帝王養成忠順之臣民；讀者在績學專門之士，則其書不妨浩瀚雜博奧衍，以待彼之徐整理而自索解。而在此兩種讀者中，其對於人生日用飲食之常識的史蹟，殊非其所渴需；而一般民衆自發自進的事業，或反爲其厭忌。質而言之，舊史中無論何體何家，總不離貴族性，其讀客皆限於少數特別階級——或官閥階級，或智識階級。故其效果，亦一如其所期，助成國民性之畸形的發達。此二千年史家所不能逃罪也。此類之史，在前代或爲其所甚需要。非此無以保社會之結合均衡，而吾族或早已潰滅。雖然，此種需要，在今日早已過去，而保存之則惟增其毒。在今日惟個性圓滿發達之民，自進而爲種族上、地域上、職業上之團結互助，夫然後可以生存於世界而求有所貢獻。而歷史其物，即以養成人類此種性習爲職志。今之史家，常常念吾書之讀者與彼遷《記》光《鑑》之讀者絕不同倫，而矢忠覃精以善爲之地焉，其庶可以告無罪於天下也。

復次，歷史爲死人——古人而作耶？爲生人——今人或後人而作耶？據吾儕所見，此蓋不成

1 《史記・太史公自序》原文作「藏之名山，副在京師，俟後世聖人君子！」

問題，得直答曰爲生人耳。然而舊史家殊不爾爾，彼蓋什九爲死人作也。史官之初起，實由古代人主欲紀其盛德大業以昭示子孫；故紀事以宮廷爲中心，而主旨在隱惡揚善。觀《春秋》所因魯史之文而可知也。其有良史，則善惡畢書，於是褒貶成爲史家特權。然無論爲褒爲貶，而立言皆以對死人則一也。後世獎勵虛榮之途術益多，墓誌家傳之類，汗牛充棟；其目的不外爲子孫者欲表揚其已死之祖父；而最後榮辱，一繫於史。馴至帝者以此爲駕馭臣僚之一利器。試觀明清以來飾終之典，以「宣付史館立傳」爲莫大恩榮，至今猶然；則史之作用可推矣。故如魏收市佳傳以驕儕輩，袁樞謝曲筆以忤鄉人，（看《北史．收傳．宋史．樞傳》。）賢否雖殊，而壹皆以陳死人爲鵠。後人評史良穢，亦大率以其書對於死人之態度是否公明以爲斷。乃至如各史及各省府縣志，對於忠義節孝之搜訪，惟恐不備。凡此皆求有以對死者也。此類觀念，其在國民道德上有何等關係，自屬別問題。若就史言史，費天地間無限縑素，乃爲千百年前已朽之骨校短量長，果何爲者。夫史蹟爲人類所造，吾儕誠不能於人外求史。然所謂「歷史的人格者」，別自有其意義與其條件。（此意義與條件，當於第七章說明之。）史家之職，惟在認取此「人格者」與其周遭情狀之相互因果關係而加以說明。若夫一個個過去之古人，其位置不過與一幅之畫一座之建築物相等。只能以彼供史之利用，而不容以史供其利用，抑甚明矣。是故以生人本位的歷史代死人本位的歷史，實史界改造一要義也。

復次，史學範圍，當重新規定，以收縮爲擴充也。學術愈發達則分科愈精密；前此本爲某學附庸，而今則蔚然成一獨立科學者，比比然矣。中國古代，史外無學，舉凡人類智識之紀錄，無不叢納之於史，厥後經二千年份化之結果，各科次第析出，例如天文、曆法、官制、典禮、樂律、刑法等，疇昔認爲史中重要部分，其後則漸漸與史分離矣。今之舊史，實以年代記及人物傳之兩種原素糅合而成。然衡以嚴格的理論，則此兩種者實應別爲兩小專科，曰「年代學」，曰「人譜學」——即「人名辭典學」，而皆可謂在史學範圍以外，若是乎，則前表所列若干萬卷之史部書，乃無一部得復稱爲史。若是乎，疇昔史學碩大無朋之領土，至是乃如一老大帝國，逐漸瓦解而無復餘。故近代學者，或昌言史學無獨立成一科學之資格，論雖過當，不爲無見也。雖然，今之史學，則既已獲有新領土。而此所謂新領土，實乃在舊領土上而行使新主權。例如天文：自《史記·天官書》迄《明史·天文志》皆以星座躔度等記載，充滿篇幅；此屬於天文學範圍，不宜以入歷史，固也。雖然，就他方面言之，我國人何時發明中星，何時發明置閏，何時發明歲差，乃至恆星行星之辨別，蓋天渾天之論爭，黃道赤道之推步……等等，此正吾國民繼續努力之結果，其活動狀態之表示，則歷史範圍以內之事也。是故天文學爲一事，天文學史又爲一事。例如音樂：各史《律曆志》及《樂書》、《樂志》詳述五聲十二律之度數，郊祀鐃之曲辭，此當委諸音樂家之專門研究者也。至如漢晉間古雅樂之如何傳授如何廢絕，六朝南部俚樂之如何興起，隋唐間羌胡之樂譜樂器如何輸入，來自何處，元明間之近代的劇曲如何發展，此正乃歷史範圍以內之事也。是故音樂學爲一事，音樂史又爲一事，推諸百科，莫不皆然。研究中國哲理之內容組織，哲學家所有事也；述哲學思想之淵源及其相互影響遞代變遷與夫所產之結果，史家所有事也。研究中國之藥劑證治，醫家所有事也；述各時代醫學之發明及進步，史家所有事也。對於一戰爭，研究其地形阨塞機謀進止以察其勝負之由，兵家所有事也；結合古今戰役而觀兵器戰術之改良進步，對於關係重大之諸役，尋其起因而推論其及於社會之影響，史家所有事也。各列傳中，記各人之籍貫門第傳統等等，譜牒家所有事也；其嘉言懿行，摭之以資矜式，教育家所有事也；觀一時代多數人活動之總趨向，與夫該時代代表的人物之事業動機及其反響，史家所有事也。由此言之，今後史家，一面宜將其舊領土一一劃歸各科學之專門，使為自治的發展，勿侵其權限，一面則以總神經系——總政府自居，凡各活動之相，悉攝取而論列之。乃至前此亙古未入版圖之事項——例如吾前章所舉隋唐佛教、元明小說等，悉吞納焉以擴吾疆宇，無所讓也。舊史家惟不明此區別，故所記述往往侵入各專門科學之界限，對於該學，終亦語焉不詳，而史文已繁重蕪雜不可殫讀。不寧惟是，馳騖於此等史外的記述，則將本範圍內應負之職責而遺卻之，徒使學者讀破萬卷，而所欲得之智識，仍茫如捕風。今之作史者，先明乎此，庶可以節精力於史之外，而善用之於史之內矣。

復次，吾儕今日所渴求者，在得一近於客觀性質的歷史。我國人無論治何種學問，皆含有主觀的作用——攙以他項目的，而絕不願為純客觀的研究。例如文學，歐人自希臘以來，即有「為文學而治文學」之觀念。我國不然，必曰因文見道。道其目的，而文則其手段也。結果則不誠無物，道與文兩敗而俱傷。惟史亦然：從不肯為歷史而治歷史，而必侈懸一更高更美之目的——如「明道」「經世」等；一切史蹟，則以供吾目的之芻狗而已。其結果必至強史就我，而史家之信用乃墜地。此惡習起自孔子，而二千年之史，無不播其毒。孔子所修《春秋》，今曰傳世最古之史書也。宋儒謂其「寓褒貶，別善惡」；漢儒謂其「微言大義，撥亂反正」；兩說孰當，且勿深論，要之孔子作《春秋》，別有目的，而所記史事，不過借作手段，此無可疑也。坐是之故，《春秋》在他方面有何等價值，此屬別問題；若作史而宗之，則乖莫甚焉。例如二百四十年中，魯君之見弒者四，（隱公，閔公，子般，子惡，）見逐者一，（昭公。）見戕於外者一，（桓公。）而《春秋》不見其文，孔子之徒，猶云「魯之君臣未嘗相弒」[2]。（《禮記．明堂位》文。）又如狄滅衛，此何等大事，因掩齊桓公之恥，則削而不書。（看閔二年《穀梁傳》「狄滅衛」條下。[3]）晉侯傳見周天子，此何等大變，因不願暴晉文公之惡，則書而變其文。（看僖二十八年「天王狩於河陽」條下《左傳》及《公羊傳》。）諸如此類，徒以有「爲親賢諱」之一主觀的目的，遂不惜顛倒事實以就之。又如《春秋》記杞伯姬事前後凡十餘條，以全部不滿萬七千字之書，安能爲一婦人分去爾許篇幅，則亦曰借以獎勵貞節而已。其他記載之不實、不盡、不均，類此者尚難悉數。故漢代今文經師，謂《春秋》乃經而非史，吾儕不得不宗信之；蓋《春秋》而果爲史者，則豈惟如王安石所譏斷爛朝報，恐其穢乃不減魏收矣。顧最不可解者，孔叟既有爾許微言大義，何妨別著一書，而必淆亂歷史上事實以惑後人，而其義亦隨之而晦也。自爾以後，陳陳相因，其宗法孔子愈篤者，其毒亦愈甚，致令吾儕常有「信書不如無書」之嘆，

2 「魯之」原作「魯王禮也，天下傳之久矣。」
3 「滅」原作「入」。

如歐陽修之《新五代史》，朱熹之《通鑑綱目》，其代表也。鄭樵之言曰：「史冊以詳文該事，善惡已章，無待美刺。讀蕭曹之行事，豈不知其忠良？見莽卓之所爲，豈不知其凶逆？……而當職之人，不知留意於憲章，徒相尚於言語。正猶當家之婦，不事饔飧，專鼓唇舌。」（《通志·總序》。）此言可謂痛切。夫史之性質，與其他學術有異；欲爲純客觀的史，是否事實上所能辦到，吾猶未敢言。雖然，吾儕有志史學者，終不可不以此自勉，務持鑑空衡平之態度，極忠實以搜集史料，極忠實以敘論之，使恰如其本來。當如格林威爾所云「畫我須是我」。當如醫者之解剖，奏刀砉砉，而無所謂惻隱之念擾我心曲也。乃至對本民族偏好溢美之辭，亦當力戒。良史固所以促國民之自覺，然眞自覺者絕不自欺，欲以自覺覺人者尤不宜相蒙。故吾以爲今後作史者，宜於可能的範圍內，裁抑其主觀而忠實於客觀，以史爲目的而不以爲手段。夫然後有信史，有信史然後有良史也。

復次，吾前言人類活動相而注重其情態。夫摹體尚易，描態實難。態也者，從時間方面論，則過而不留；後剎那之態方呈，前剎那之態已失。從空間方面論，則凡人作一態，實其全身心理生理的各部分協同動作之結果，且又與環境爲緣；若僅爲局部的觀察，睹其一而遺其他，則眞態終末由見。試任取一人而描其一日之態，猶覺甚難。而況史也者，積千萬年間千千萬萬生死相續之人，欲觀其繼續不斷之全體協同動作，茲事抑談何容易。史蹟既非可由冥想虛構，則不能不取資於舊史；然舊史所能爲吾資者，乃如兒童用殘之舊課本，原文本已編輯不精，訛奪滿紙，而復東缺一葉，西缺數行，油汙墨漬，存字無幾。又如電影破片，若干段已完全失卻，前後不相銜接；其存者亦罅漏模糊，不甚可辨。昔顧炎武論春秋戰國兩時代風尙之劇變，而深致嘆息於中間百三十三年史文之闕佚。（《日知錄》卷十三。）夫史文闕佚，雖僅此百三十三年，而史蹟之湮亡，則其數量云胡可算。蓋一切史蹟，大半藉舊史而獲傳；然舊史著作之目的，與吾儕今日所需求者多不相應，吾儕所認爲極可寶貴之史料，其爲舊史所擯棄而遂湮沒以終古者，實不知凡幾。吾儕今日，乃如欲研究一毀餘之蕪城廢殿，從瓦礫堆中搜集斷椽破甓，東拼西補，以推測其本來規制之爲何若，此種事業，備極艱辛，猶且僅一部分有成功希望，一部分或竟無成功希望。又不惟殘缺之部分爲然耳；即向來公認爲完全美備之史料——例如正史——試以科學的眼光嚴密審查，則其中誤者僞者又不知凡幾。吾儕今日對於此等史蹟，殆有一大部分須爲之重新估價，而不然者，則吾史乃立於虛幻的基礎之上，而一切研索推論，皆爲枉費。此種事業，其艱辛亦與前等，而所得或且更微末。以上兩種勞作，一曰搜補的勞作，二曰考證的勞作，皆可謂極不經濟的——勞多而獲少的。雖然，當知近百年來歐洲史學所以革新，純由此等勞作導其先路。吾國史苟不經過此一番爬剔洗練，則完善之作，終不可期。今宜專有人焉胼手胝足，以耕以畲，以待後人之穫。一部分人出莫大之勞費以爲代價，然後他部分人之勞費乃可以永節省：此吾儕今日應有之覺悟也。此兩種勞作之下手方法，皆於第五章專論之，今不先贅。

復次，古代著述，大率短句單辭，不相聯屬。恰如下等動物，寸寸斷之，各自成體。此固由當時文字傳寫困難，不得不然，抑亦思想簡單，未加組織之明證也。此例求諸古籍中，如《老子》，如《論語》、如《易傳》、如《墨經》，莫不皆然。其在史部，則《春秋》、《世本》、

《竹書紀年》，皆其類也。闕後《左傳》、《史記》等書，常有長篇記載，篇中首尾完具，視昔大進矣。然而以全書論，仍不過百數十篇之文章滙成一帙而已。《漢書》以下各史，踵效《史記》；《漢紀》、《通鑑》等踵效《左傳》；或以一人爲起訖，或以一事爲起訖。要之不免將史蹟縱切橫斷。紀事本末體稍矯此弊，然亦僅以一事爲起訖，事與事之間不生聯絡；且社會活動狀態，原不僅在區區數件大事，紀事縱極精善，猶是得肉遺血，得骨遺髓也。吾不嘗言歷史爲過去人類活動之再現耶？夫活動而過去，則動物久已消滅，曷爲能使之再現？非極巧妙之技術不爲功也。故眞史當如電影片，其本質爲無數單片，人物逼眞，配景完整，而復前張後張緊密銜接，成爲一軸，然後射以電光，顯其活態。夫捨單張外固無軸也，然軸之爲物，卻自成一有組織的個體，而單張不過爲其成分。若任意抽取數片，全沒卻其相互之動相，木然隻影，黏著佈端，觀者將卻走矣。惟史亦然，人類活動狀態，其性質爲整個的，爲成套的，爲有生命的，爲有機能的，爲有方向的，故事實之敘錄與考證，不過以樹史之軀幹，而非能盡史之神理。善爲史者之馭事實也：橫的方面最注意於其背景與其交光，然後甲事實與乙事實之關係明，而整個的不致變爲碎件。縱的方面最注意於其來因與其去果，然後前事實與後事實之關係明，而成套的不致變爲斷幅。是故不能僅以敘述畢乃事。必也有說明焉有推論焉，所敘事項雖千差萬別，而各有其湊筍之處，書雖累百萬言，而筋搖脈注，如一結構精悍之短札也；夫如是，庶可以語於今日之史矣。而惜乎諸我國舊史界，竟不可得，即歐美近代著作之林，亦不數數覯也。

今日所需之史，當分爲專門史與普遍史之兩途。專門史如法制史、文學史、哲學史、美術史……等等，普遍史即一般之文化史也。治專門史者，不惟須有史學的素養，更須有各該專門學的素養。此種事業，與其責望諸史學家，毋寧責望諸各該專門學者。而凡治各專門學之人，亦須有兩種覺悟：其一，當思人類無論何種文明，皆須求根柢於歷史。治一學而不深觀其歷史演進之迹，是全然蔑視時間關係，而茲學系統，終末由明瞭。其二，當知今日中國學界已陷於「歷史饑餓」之狀況，吾儕不容不亟圖救濟。歷史上各部分之眞相未明，則全部分之眞相亦終不得見。而欲明各部分之眞相，非用分工的方法深入其中不可。此絕非一般史學家所能辦到，而必有待於各學之專門家分擔責任。此吾對於專門史前途之希望也。專門史多數成立，則普遍史較易致力，斯固然矣。雖然，普遍史並非由專門史叢集而成。作普遍史者須別具一種通識，超出各專門事項之外而貫穴乎其間。夫然後甲部分與乙部分之關係見，而整個的文化，始得而理會也。是故此種事業，又當與各種專門學異其範圍，而由史學專門家任之。昔自劉知幾以迄萬斯同，皆極言衆手修史之弊；鄭樵、章學誠尤矢志向上，以「成一家之言」爲鵠；是皆然矣。雖然，生今日極複雜之社會，而欲恃一手一足之烈，供給國人以歷史的全部智識，雖才什左、馬，識伯鄭、章，而其事終不可以致。然則當如之何？曰，惟有聯合國中有史學興味之學者，各因其性之所嗜與力之所及，爲部分的精密研究。而懸一公趨之目的與公用之研究方法，分途以赴，而合力以成。如是，則數年之後，吾儕之理想的新史，或可望出現。善乎黃宗羲之言曰：「此非末學一人之事也。」（《明儒學案·發凡》語。）

第四章　說史料

治玄學者與治神學者或無須資料，因其所致力者在冥想、在直覺、在信仰，不必以客觀公認之事實爲重也。治科學者——無論其爲自然科學爲社會科學，罔不恃客觀所能得之資料以爲其研究對象。而其資料愈簡單愈固定者，則其科學之成立也愈易；愈反是則愈難。天文學所研究之對象，其與吾儕距離可謂最遠；然而斯學之成爲科學最早，且已決定之問題最多者。何也？其對象之爲物較簡單，且以吾儕渺小短促之生命與彼相衡，則彼殆可指爲恆存而不壞。治此學者，第一無資料罣漏之患，第二無資料散失之患，故成功最易焉。次如地質學、地文學等，其資料雖趨複雜；然比較的含固定性質，研究亦較易。次如生物學等，蕃變之態益甚，資料之選擇與保存漸難矣。又如心理學等，其資料雖俯拾即是，無所謂散失與不散失，然而無具體的物象可指，且其態稍縱即逝，非有極強敏之觀察力不能捉取，故學者以爲難焉。史學所以至今未能完成一科學者，蓋其得資料之道，視他學爲獨難。史料爲史之組織細胞，史料不具或不確，則無復史可言。史料者何？過去人類思想行事所留之痕迹，有證據傳留至今日者也。思想行事留痕者本已不多。所留之痕，又未必皆有史料的價值。有價值而留痕者，其喪失之也又極易。因必有證據，然後史料之資格備；證據一失，則史料即隨而湮沉。而證據散失之途徑甚多：或由有意隱匿，例如清廷之自改《實錄》。（詳第五章。）或由有意蹂躪，例如秦之燒列國史記。或由一新著做出，而所據之舊資料遂爲所淹沒，例如唐修《晉書》成，而舊史十八家俱廢。或經一次喪亂，而大部分史籍悉淪沒，如牛弘所論書有五厄也。或孤本孤證散在人間，偶不注意，即便散亡，斯則爲例甚多，不可確舉矣。要而言之，往古來今之史料，殆如江浪淘沙，滔滔代逝。蓋幸存至今者，殆不逮吾儕所需求之百一也。其幸而存者，又散在各種遺器遺籍中，東鱗西爪，不易尋覓；即偶尋得一二，而孤證不足以成說，非薈萃而比觀不可，或則費莫大之勤勞而無所獲。其普通公認之史料，又或誤或僞，非經別裁審定，不堪引用。又斯學所函範圍太廣，各人觀察點不同；雖有極佳良現存之史料，苟求之不以其道，或竟熟視無睹也。合以上諸種原因，故史學較諸他種科學，其搜集資料與選擇資料，實最勞而最難。史學成就獨晚，職此之由。

時代愈遠，則史料遺失愈多，而可徵信者愈少，此常識所同認也。雖然，不能謂近代便多史料，不能謂愈近代之史料即愈近眞。例如中日甲午戰役，去今三十年也；然吾儕欲求一滿意之史料，求諸記載而不可得，求諸耆獻而不可得；作史者欲爲一翔實透闢之敘述，如《通鑑》中赤壁、淝水兩役之比，抑已非易易。例如二十年前，「制錢」爲國家惟一之法幣，「山西票號」管握全國之金融；今則此兩名詞久已逸出吾儕記憶線以外，舉國人能道其陳迹者，殆不多覯也。一二事如此，他事則亦皆然，現代且然，而遠古更無論矣。

孔子有言：「文獻不足故也，足則吾能徵之矣。」不治史學，不知文獻之可貴，與夫文獻散佚之可爲痛惜也。距今約七十年前，美國人有彭加羅夫（H. H. Bancroft）者，欲著一《加里佛尼省志》。竭畢生之力，傾其極富之家資，誓將一切有關係之史料搜輯完備，然後從事。凡一切文件，自官府公牘，下至各公司各家庭之案卷帳簿，願售者不惜重價購之，不願售者輾轉借抄之。復分隊派員諏詢故老，搜其口碑傳說。其書中人物有尚生存者，彼用種種方法巧取其談話及其經歷。如是者若干年，所叢集之資料盈十室。彼乃隨時將其所得者爲科學分類，先製成「長編式」之史稿，最後乃進而從事於眞著述。若以嚴格的史學論，則採集史料之法，必如此方爲合理。雖然，欲作一舊邦之史，安能以新造之加里佛尼省爲比例？且此種「美國風」的搜集法，原亦非他方人所能學步。故吾儕今日之於史料，只能以抱殘守缺自甘。惟既矢志忠實於史，則在此殘缺範圍內，當竭吾力所能逮以求備求確，斯今日史學之出發點也。吾故於此章探索史料之所在，且言其求得之途徑，資省覽焉。

得史料之途徑，不外兩種：一曰在文字紀錄以外者；二曰在文字紀錄者。

(一) 在文字紀錄以外者

此項史料之性質，可略分爲三類：曰現存之實迹；曰傳述之口碑；曰遺下之古物。

1. **現存之實迹及口碑**　此所謂實迹，指其全部現存者。質言之，則現代史蹟——現在日日所發生之事實，其中有構成史料價値者之一部分也。吾儕居常慨嘆於過去史料之散亡。當知後之視今，猶今之視昔；吾儕今日不能將其耳聞目見之史實，搜輯保存，得毋反欲以現代之信史，責望諸吾子孫耶？所謂現在日日發生之事實，有構成史料之價値者何耶？例如本年之事，若粵桂川湘鄂之戰爭，若山東問題日本之提出交涉與我之拒絕，若各省議會選舉之醜態，若京津間中交銀行擠兌風潮，若上海商教聯合會之活動……等，凡此等事，皆有其來因去果，將來在史上確能占有相當之篇幅，其資料皆琅琅在吾目前，吾輩不速爲收拾以貽諸方來，而徒日日欷歔，望古遙集，奚爲也？其漸漸已成陳迹者，例如三年前學界之五四運動，如四年前之張勳復辟，如六年前之洪憲盜國，如十年前之辛亥革命，如二十年前之戊戌政變，拳匪搆難，如二十五年前之甲午戰役……等等，躬親其役或目睹其事之人，猶有存者。採訪而得其口說，此即口碑性質之史料也。司馬遷作史，多用此法。如云：「吾如淮陰，淮陰人爲餘言，……」（《淮陰侯列傳贊》。）如云：「吾視郭解，狀貌不及中人，言語無足採者。」[1]（《游俠列傳贊》。）凡此皆用現存之實迹或口碑爲史料之例也。

2. **實迹之部分的存留者**　前項所論，爲實迹之全部，蓋并其能活動之人與所活動之相皆具焉。本條所謂實迹者，其人與相皆不可得見矣；所留者，僅活動治成品之一種委蛻而已。求諸西洋：例如埃及之金字塔及塔中所藏物，得此而五六千年前之情狀，略可見焉；如義大利之三、四名都，文藝復興時代遺物，觸目皆是。此普遍實迹之傳留者也。例如入埃汾河之索士比亞遺宅，則此詩聖之環境及其性行，宛然在望。登費城之議事堂，則美十三州治憲情狀湊會心目。此局部實迹之傳留者也。凡此者苟有一焉，皆爲史家鴻寶。我國人保存古物之念甚薄，故此類實迹能全者日稀，然亦非絕無。試略舉其例：例如萬里長城，一部分爲秦時遺物，衆所共見也。如始皇

1「無」原作「不」。

所開馳道，參合諸書，尚能察其路線，而二千年來官驛之一部分，多因其舊。如漢通西域之南北兩道，雖中間一段淪於沙漠，而其沿襲至今者十尚六七。凡此之類，殆皆非人力所能湮廢，而史家永世之寶也。又如今之北京城，其大部分爲明永樂四年至十八年（西元一四〇五至一四二〇。）[2]間所造，諸城堞宮殿乃至天壇社稷壇等，皆其遺構；十五世紀之都會，其規模如此其宏壯而又大段完整以傳至今者，全世界實無此比。此外各地方之城市，年代更古者尚多焉。又如北京彰儀門外之天寧寺塔，實隋開皇時物，觀此可以知六世紀末吾國之建築術爲何如。如山西大同雲岡石窟之佛像，爲北魏太安迄太和間所造（西元四五五至四九九。）種類繁多，雕鐫精絕。觀此可以知五世紀時中國雕刻美術之成績，及其與印度、希臘藝術之關係；以之與龍門諸造像對照，當時佛教信仰之狀況，亦略可概見。（注一）如北京舊欽天監之元代觀象儀器及地圖等，觀之可以見十六世紀中國科學之一斑也。（注二）昔司馬遷作《孔子世家》，自言：「適魯，觀仲尼廟堂車服禮器，諸生以時習禮其家，低徊留之不能去焉。」[3]作史者能多求根據於此等目睹之事物，史之最上乘也。其實此等史料，俯拾即是。吾不必侈語遠者大者，請舉吾鄉一小事爲例：吾鄉一古屋，明中葉吾祖初遷時所建，累蠔殼爲牆，牆厚二尺餘，結構緻密，乃勝磚甓，至今族之宗嫡居焉，即此亦可見十五、六世紀時南部瀕海鄉之建築，與其聚族襲產之規則。此寧非一絕

2　永樂四年應為西曆一四〇六年。

3　「低徊」前原有「餘」字，「焉」原作「云」。

好史料耶？夫國中實迹存留若此類者何限。惜舊史家除朝廷典章制度及聖賢豪傑言論行事外不認爲史，則此等史料，棄置不顧，宜也。今之治史者，能一改其眼光，知此類遺迹之可貴，而分類調查搜積之，然後用比較統計的方法，編成抽象的史料，則史之面目一新矣。

3. **已湮之史蹟，其全部意外發現者**　此爲可遇而不可求之事，苟獲其一，則裨益於史乃無量。其最顯著之例，如六十年前義大利拿波里附近所發現之邦渒古城，蓋羅馬共和時代爲火山流焰所蓋者，距今垂二千年矣。自此城發現後，義人發掘熱驟盛，羅馬城中續得之遺迹，相繼不絕，而羅馬古史乃起一革命，舊史謬誤，匡正什九。此種意外史料，他國罕聞。惟我國當民國八年，曾在直隸鉅鹿縣發現一古城，實宋大觀二年（西元一一〇八。）被黃河淹沒者，距今垂九百年矣。惜乎國無政而民無學，一任遺迹散佚破壞以盡，所留以資益吾儕者甚希。苟其能全部保存，而加以科學的整理，則吾儕最少可以對於宋代生活狀況得一明確印象，寧非快事？（注三）然吾因此忽涉遐想，以爲數千年來河患如彼其劇，沿舊河道岸城邑如鉅鹿之罹厄者或不止一次，不止一處，頗冀他日再有發現焉。若果爾者，望國人稍加注意，毋任其如今度之狼籍也。

4. **原物之保存或再現者**　古器物爲史料之一部分，盡人所能知也。器物之性質，有能再現者，有不能再現者。其不能再現者，例如繪畫繡織及一般衣服器具等，非繼續重收藏，不能保存。在古代未有公衆博物院時，大抵宮廷享祚久長貴族閥閱不替之國，恆能護傳此等故物之一部分。若如中國之慣經革命且絕無故家遺族者，雖有存焉寡矣。今存畫最古者極於唐，然已無一幀焉能確辨其眞贋。壁畫如岱廟所塗，號稱唐製，實難徵信；惟最近發現之高昌一壁，稱絕調矣。

（注四）紙絹之畫及刻絲畫，上溯七八百年前之宋代而止。至衣服及其他尋常用具，則清乾嘉遺物，已極希見，更無論遠昔也。故此類史料，在我國可謂極貧乏焉。其能再現者，則如金石陶瓿之屬，可以經數千年瘞土中，復出而供吾儕之揅索。試舉其類：⑴曰殷周間禮器：漢許愼《說文·序》，言「郡國往往於山川間得鼎彝」4，是當時學者中，已有重視之者，而搜集研究，曾無聞焉；至宋代始啓端緒，尋亦中絕。（注五）至清中葉以後而極盛。據諸家所記有文字款識之器，宋代著錄者六百四十三，清代著錄者二千六百三十五，而內府所藏尚不與焉。（注六）此類之器，除所鐫文字足補史闕者甚多，當於次條別論外，吾儕觀其數量之多，可以想見當時社會崇尚此物之程度；觀其種類之異，可以想見當時他種器物之配置；觀其質相之純固，可以想見當時鑄冶術之精良；觀其花紋之複雜優美，圖案之新奇淵雅，可以想見當時審美觀念之發達。凡此皆大有造於史學者也。⑵曰兵器：最古者如殷周時之琱戈矢鏃等，最近者如漢晉間弩機等。⑶曰度量衡器：如秦權，秦量，漢建初尺，新莽始建國尺，晉前尺，漢量，漢鐘，漢鈁，漢斛等，制度之沿革可考焉。⑷曰符璽：上自秦虎符；下迄唐宋魚符；又秦漢間璽印封泥之屬，出土者千數；於研究當時兵制官制，多所補助。⑸曰鏡屬：自秦漢至元明，比其年代，觀其款識，可以尋美術思想發展之迹。⑹曰貨幣：上溯周末列國，下迄晚清，條貫而絜校之，蓋與各時代之經濟狀況息

4　「郡國」後原有「亦」字，而「間」字原無。

息相關也。此六者皆銅器之屬，此外銅製雜器存者尚多，不備舉。銅在諸金屬中，比較的能耐久，而冶鑄之起源亦較古，故此類史料之供給，稱豐富焉。然金屬器一毀即亡，故失亦甚易；觀宋器今存者百不一二，可推知也。清潘祖蔭謂古代金屬器，在秦、後漢、隋、後周、宋、金，曾經六厄，而隨時沉霾毀棄盜鑄改爲者尚不與焉。（注七）晚近交通大開，國內既無專院以事搜藏，而胡賈恆以大力負之以走，凡百古物，皆次第大去其國，昔之豐富者，今轉涸竭；又不獨銅器爲然矣。(7)曰玉石：古玉鐫文字者少，故難考其年代，然漢以前物傳至今者確不乏，以難毀故也。吾儕研究古玉，亦可以起種種聯想，例如觀其雕紋之美，可知其攻玉之必有利器；觀其流行之盛，可推見古代與產玉區域交通之密：此皆足資史料者也。至石刻研究，則久已成專門之學。自岐陽石鼓，李斯刻石，以迄近代，聚其搨片，可汗百牛。其文字內容之足裨史料者幾何，下條論之，茲不先贅。至如觀所刻儒佛兩教所刻之石經，可以想見古人氣力雄偉；且可比較兩教在社會上所憑借焉。（注八）又如觀漢代各種石刻畫象，循溯而下，以至魏齊造像，唐昭陵石馬，宋靈岩羅漢，明碧雲刻桷，清圓明雕柱等，比較研究，不啻一部美術變遷史矣。（注九）又如橋柱、井闌、石闕、地莂等類，或可以睹異製，或可以窺殊俗，無一非史家取材之資也。(8)曰陶瓷：吾國以製瓷擅天下，外人至以吾國名名斯物。今存器孔多，派別尤衆，治者別有專家，不復具論。陶器比來出土愈富，間有碎片，範以極奇古之文字，流傳當出三代上。綜此兩物以觀其遞嬗趨良之迹，亦我民族藝術的活動之一表徵也。(9)曰瓦磚：我族以宅居大平原之故，石材缺乏，則以人造之磚瓦爲建築主要品，故斯物發達最早，且呈種種之進步。今之瓦當磚甋，殆成考古一專科矣。⑽曰石層中之石器：茲事在中國舊骨董家，曾未留意，晚近地質學漸昌，始稍有從事者。他日研究進步，則有史以前之生活狀態，可以推見也。（注十）

器物本人類活動結果中之一小部分，且其性質已純爲固定的；而古代孑遺之物，又不過此小部分之斷片耳。故以上所舉各項，在史料中不過占次等位置。或對於其價値故爲誇大，吾無取焉。雖然，善爲史者，固可以舉其所聞所見無一而非史料，豈其於此可寶之故物而遺之？惟史學家所以與骨董家異者，骨董家之研究，貴分析的而深入乎該物之中，史學家之研究，貴概括的而横通乎該物之外。吾前所論列，已略示其端倪。若循此而更進焉，例如當其研究銅器也，則思古代之中國人何以特精範銅而不能如希臘人之琢石；當其研究瓷器也，則思中古之中國人何以能獨擅窰窰，而不能如南歐人之製玻璃。凡此之類，在歸納諸國民活動狀況中，悉心以察其因果，則一切死資料皆變爲活資料矣。凡百皆然，而古物其一端耳。

5. **實物之模型及圖影**　實物之以原形原質傳留至今者，最上也。然而非可多覯。有取其形範以圖之，而圖範獲傳於今，抑其次也。例如漢晉之屋舍、灶、磑、杵臼，唐人之服裝、髻形、樂器，及戲劇面具，今日何由得見；然而有殉葬之陶製明器，殊形詭類至夥，若能得一標準以定其年代，則其時社會狀況，彷彿可見也。又如唐畫中之屋宇服裝器物及畫中人之儀態，必爲唐時現狀或更古於唐者，宋畫必爲宋時現狀或更古於宋者，吾儕無論得見眞本或摹本，苟能用特殊的觀察，恆必有若干稀奇史料，可以發現。則亦等於間接的目睹矣。夫著作家無論若何淹博，安能盡見其所欲見之物？從影印本中間接復間接以觀其概，亦慰情勝無也已。

(二) 文字紀錄的史料

前項所論紀錄以外的史料，時間空間皆受限制。欲作數千年之史，而記述又亙於社會之全部，其必不能不乞靈於紀錄明矣。然紀錄之種類亦甚繁，今當分別論列之。

1. **舊史**　舊史專以記載史事爲職志，吾儕應認爲正當之史料，自無待言。雖然，等是舊史也，因著作年代，著作者之性格學識，所著書之宗旨體例等，種種差別，而其所含史料之價值，亦隨而不同。例如《晉書》所以不饜人望者，以其修史年代與本史相隔太遠，而又官局分修無人負責也。《魏書》所以不饜人望者，以魏收之人格太惡劣，常以曲筆亂事實也。《元史》所以不饜人望者，以纂修太草率而董其事者又不通蒙古語言文字也。《新五代史》自負甚高，而識者輕之，以其本屬文人弄筆，而又附加以「因文見道」之目的，而史蹟乃反非其所甚厝意也。此僅舉正史數部以爲例，其餘編年別史雜史等皆然，持此義以評衡諸史，則價值標準，其亦什得四五矣。

人物本位之史，既非吾儕所尚；然則諸史中列傳之價值不銳減耶？是又不然。列傳之價值，不在其爲史而在其爲史料。苟史中而非有「各色人等」之列傳者，則吾儕讀史者將惟見各時代中常有若干半人半獸之武夫出沒起伏，聚衆相斫，中間點綴以若干篇塗民耳目之詔令奏議，史之爲史，如是而已。所謂社會，所謂文化，何絲毫之能睹？舊史之作列傳，其本意固非欲以記社會記文化也；然人總不能不生活於社會環境之中，既敘人則不能不涉筆以敘及其環境；而吾儕所最渴需之史料，求諸其正筆而不得者，求諸其涉筆而往往得之，此列傳之所爲可貴也。

既如是也，則對於舊史之評價，又當一變。即以前所評四書言之：例如《晉書》，自劉知幾以下共譏其雜採小說，體例不純。吾儕視之，則何傷者？使各史而皆如陳壽之《三國志》，字字精嚴，筆筆錘鍊，則苟無裴松之之注，吾儕將失去許多史料矣。例如《魏書》，其穢固也；雖然，一個古人之貞邪貪廉等，雖記載失實，於我輩何與，於史又何與？只求魏收能將當時社會上大小情態多附其書以傳，則吾所責望於彼者已足，他可勿問也。例如《元史》，猥雜極矣，其中半錄官牘，鄙俚一仍原文。然以較《北周書》之「行文必《尚書》，出語皆《左傳》」，孰爲眞面目，孰爲可據之史料？則吾毋寧取《元史》也。是故吾儕若以舊史作史讀，則馬班猶不敢妄許，遑論餘子？若作史料讀，則二十四史各有短長，略等夷耳。若作史讀，惟患其不簡嚴；簡嚴乃能壹吾趨向節吾精力。若作史料讀，惟患其不雜博；雜博乃能擴吾範圍，恣吾別擇。昔萬斯同作《明史稿》，嘗自言曰：「昔人於宋史已病其繁，而吾所述倍焉。非不知簡之爲貴也；吾恐後之人務博而不知所裁，故先爲之極，使知吾所取者有可損，而所不取者必非其事與言之眞。」[5]（清國史館《斯同傳》。）吾輩於舊史，皆作史稿讀，故如斯同書之繁博，乃所最歡迎也。

既如是也，則所謂別史、雜史、雜傳、雜記之屬，其價值實與正史無異，而時復過之。試舉其例：吾儕讀《尚書》、《史記》，但覺周武王伐罪弔民之師，其文明程度殆爲「超人的」；倘

5　「繁」下原有「蕪」字。

非有《逸周書·克殷》、〈世俘〉諸篇，誰復能識「血流漂杵」四字之做何解。且吾不嘗言陳壽《三國志·諸葛亮傳》記亮南征事僅得二十字耶？然常璩《華陽國志》，則有七百餘字，吾儕所以得知茲役始末者，賴璩書也。至如元順帝系出瀛國公，清多爾袞烝其太后，此等在舊史中，不得不謂爲極大之事，然正史曷嘗一語道及，欲明眞相，非求諸野史焉不可也。是故以舊史作史料讀，不惟陳壽與魏收可以等夷，視司馬遷、班固與一不知誰何之人所作半通不通之筆記，亦可作等夷視也。

2. **關係史蹟之文件**　此等文件，在愛惜文獻之國民，搜輯寶存，惟力是視。例如英之《大憲章》，法之《人權宣言》，美之《十三州憲法》，其原稿今皆珍襲，且以供公衆閱覽；其餘各時代公私大小之文件稍有價値者，靡不羅而庋之；試入各地之圖書館博物館，櫥中琅琅盈望皆是也。炯眼之史家，得此則新發明日出焉。中國既無公衆收藏之所，私家所蓄，爲數有限，又復散佈不能稽其迹，湮滅抑甚易；且所寶惟在美術品，其有裨史蹟者至微末。今各家著錄墨迹，大率斷自宋代，再上則唐人寫經之類，然皆以供骨董摩挲而已。故吾國此類史料，其眞屬有用者，恐不過上溯三、四百年前物，極矣。（注十一）此等史料，搜羅當自近代始。其最大宗者，則檔案與函牘也。歷代官署檔案，汗牛充棟，其有關史蹟者，千百中僅一二，而此一二或竟爲他處所絕不能得。檔案性質，本極可厭，在平時固已束諸高閣，聽其蠹朽，每經喪亂，輒蕩無復存。舊史紀志兩門，取材什九出檔案；檔案被採入者，則附其書以傳，其被擯汰者，則永永消滅；而去取得當與否，則視乎其人之史識，其極貴重之史料，被史家輕輕一抹而宣告死刑以終古者，殆不知凡幾也。二千年間，史料之罹此冤酷者，計復何限。往者不可追矣，其現存者之運命，亦危若朝露。吾三十年前在京師，曾從先輩借觀總理衙門舊檔抄本千餘冊，其中關於鴉片戰役者便四五十冊，他案稱是。雖中多極可笑之語，然一部分之事實含在焉，不可誣也。其中尤有清康熙間與俄法在復文件甚多，其時法之元首則路易十四，俄之元首則大彼得也；試思此等文件，在史料上之價値當居何等？今外交部是否尚有全案，此抄本尚能否存在，而將來所謂「清史」者，能否傳其要領於百一，舉在不可知之數。此可見檔案之當設法簡擇保存，所關如是其重也。至於函牘之屬，例如明張居正《太岳集》及晚清胡曾左李諸集所載，其與當時史蹟關係之重大，又盡人所知矣。善爲史者，於此等資料，斷不肯輕易放過，蓋無論其爲舊史家所已見所未見，而各人眼光不同，彼之所棄，未必不爲我之所取也。

私家之行狀、家傳、墓文等類，舊史家認爲極重要之史料；吾儕亦未嘗不認之。雖然，其價値不宜誇張太過。蓋一個人之所謂豐功偉烈、嘉言懿行，在吾儕理想的新史中，本已不足輕重；況此等虛榮溢美之文，又半非史實耶？故據吾所立標準以衡量史料，則任昉集中齋皇莊重之〈竟陵文宣王行狀〉，其價値不如彼敘述米鹽瑣屑之〈奏彈劉整〉；而在漢人文中，蔡邕極有名之十餘篇碑誄，其價値乃不敵王褒之一篇遊戲滑稽的〈僮約〉。（注十二）此非好爲驚人之論；蓋前者專以表彰一個人爲目的，且其要點多已採入舊史中；後者乃描述當時社會一部分之實況，而求諸并時之著作，竟無一篇足與爲偶也。持此以衡，其孰輕孰重，不已較然可見耶。

3. **史部以外之群籍**　以舊史作史讀，則現存數萬卷之史部書，皆可謂爲非史；以舊史作史料讀，則豈惟此數萬卷者皆史料，舉凡以文字形諸紀錄者，蓋無一而不可於此中得史料也。試舉其例：

群經之中如《尙書》，如《左傳》，全部分殆皆史料，《詩經》中之含有史詩性質者亦皆屬純粹的史料，前既言之矣。餘如《易經》之卦辭爻辭，即殷周之際絕好史料；如《詩經》之全部分，如《儀禮》，即周代春秋以前之絕好史料。因彼時史蹟太缺乏，片紙隻字，皆爲瓌寶，抽象的消極的史料，總可以向彼中求得若干也。以此遞推，則《論語》、《孟子》，可認爲孔孟時代之史料；《周禮》中一部分，可認爲戰國史料；《二戴禮記》，可認爲周末漢初史料。至如小學類之《爾雅》、《說文》等書，因其名物訓詁，以推察古社會之情狀，其史料乃益無盡藏也。在此等書中搜覓史料之方法，當於次章雜舉其例。至原書中關於前代事迹之記載，當然爲史料的性質，不必更論列也。

子部之書，其屬於哲學部分——如儒道墨諸家書，爲哲學史或思想史之主要史料；其屬於科學部分——如醫術天算等類書，爲各該科學之主要史料；此衆所共知矣。書中有述及前代史蹟者，當然以充史料，又衆所共知矣。然除此以外，抽象的史料可以搜集者蓋甚多。大率其書愈古，其料愈可寶也。若夫唐宋以後筆記類之書，汗牛充棟，其間一無價値之書固甚多，然絕可寶之史料，往往出其間，在治史者能以炯眼拔識之而已。

集部之書，其專記史蹟之文，當然爲重要史料之一部，不待言矣。「純文學的」之文如詩辭歌賦等，除供文學史之主要史料外，似與其他方面，無甚關係。其實亦不然。例如屈原〈天問〉，即治古代史者極要之史料；班固〈兩都賦〉、張衡〈兩京賦〉，即研究漢代掌故極要之史料。至如杜甫、白居易諸詩，專記述其所身歷之事變，描寫其所目睹之社會情狀者，其爲價值最高之史料，又無待言。章學誠云：「文集者，一人之史也。」（《韓柳年譜書後》。）可謂知言。

非惟詩古文辭爲然也，即小說亦然。《山海經》今《四庫全書》以入小說，其書雖多荒誕不可究詰，然所紀多爲半神話半歷史的性質，確有若干極貴重之史料出乎群經諸子以外者，不可誣也。中古及近代之小說，在作者本明告人以所記之非事實；然善爲史者，偏能於非事實中覓出事實。例如《水滸傳》中「魯智深醉打山門」，固非事實也；然元明間犯罪之人得一度牒即可以借佛門作逋逃藪，此卻爲一事實。《儒林外史》中「胡屠戶奉承新舉人女婿」，固非事實也；然明清間鄉曲之人一登科第，便成爲社會上特別階級，此卻爲一事實。此類事實，往往在他書中不能得，而於小說中得之。須知作小說者無論騁其冥想至何程度，而一涉筆敘事，總不能脫離其所處之環境，不知不覺，遂將當時社會背景寫出一部分以供後世史家之取材。小說且然，他更何論。善治史者能以此種眼光搜捕史料，則古今之書，無所逃匿也。

又豈惟書籍而已，在尋常百姓家故紙堆中往往可以得極珍貴之史料。試舉其例：一商店或一家宅之積年流水帳簿，以常識論之，寧非天下最無用之物？然以歷史家眼光觀之，倘將同仁堂、王麻子、都一處等數家自開店迄今之帳簿，及城間鄉間貧富舊家之帳簿各數種，用科學方法一爲研究整理，則其爲瓌寶，寧復可量？蓋百年來物價變遷，可從此以得確實資料，而社會生活狀況之大概情形，亦歷歷若睹也。又如各家之族譜家譜，又寧非天下最無用之物？然苟得其詳贍者百數十種，為比較的研究，則最少當能於人口出生死亡率及其平均壽數，得一稍近真之統計。捨此而外，欲求此類資料，胡可得也？由此言之，史料之為物，真所謂「牛溲馬勃，具用無遺」，在學者之善用而已。

4. **類書及古逸書輯本**　古書累代散亡，百不存一，觀牛弘「五厄」之論，可為浩嘆。（注十三）他項書勿論，即如《隋書．經籍志》中之史部書，倘其中有十之六七能與《華陽國志》、《水經注》、《高僧傳》等同其運命，原本流傳以迄今日者，吾儕寧不大樂？然終已不可得。其稍彌此缺憾者，惟恃類書。類書者，將當時所有之書分類抄撮而成，其本身原無甚價值；但閱世以後，彼時代之書多佚，而其一部分附類書以倖存，類書乃可貴矣。古籍中近於類書體者，為《呂氏春秋》，而三代遺文，賴以傳者已不少。現存類書，自唐之《藝文類聚》，宋之《太平御覽》，明之《永樂大典》，以迄清之《圖書集成》等，皆卷帙浩瀚，收容豐富。大抵其書愈古，則其在學問上之價值愈高，其價值非以體例之良窳而定，實以所收錄古書存佚之多寡而定也。（注十四）類書既分類，於學者之檢查滋便，故向此中求史料，所得往往獨多也。

自清乾隆間編《四庫書》，從《永樂大典》中輯出逸書多種，爾後輯佚之風大盛。如《世本》、《竹書紀年》及魏晉間人所著史，吾輩猶得稍窺其面目者，食先輩搜輯之賜也。

5. **古逸書及古文件之再現**　歐洲近代學者之研究埃及史、巴比倫史，皆恃發掘所得之古文籍，蓋前此臆測之詞，忽別獲新證而改其面目者，比比然矣。中國自晉以後，此等再發現之古書，見於史傳者凡三事：其一在西晉時，其二在南齊時，其三在北宋時，皆紀錄於竹木簡上之文字也。（注十五）原物皆非久旋佚，齊宋所得，并文字目錄皆無傳。其在學界發生反響者，惟東晉所得，即前所述《汲冢竹書》是也。汲冢書凡數十車，其整理寫定者猶七十五卷，當時蓋爲學界一大問題，學者之從事研究者，有束晳、王接、衛恆、王庭堅、荀勗、和嶠、續咸、摯虞、謝衡、潘滔、杜預等，其討論概略，尚見史籍中。（注十六）其原書完整傳至今者，惟一《穆天子傳》耳；其最著名之《竹書紀年》，則已爲贋本所奪。尤有《名》及《周食田法》等書，想爲極佳之史料，今不可見矣。而《紀年》中載伯益、伊尹、季歷等事，乃與儒家傳說極相反，昔人所引爲詬病者，吾儕今乃藉睹歷史之眞相也。（注十七）《穆傳》所述，多與《山海經》相應，爲現代持華種西來說者所假借。此次發現之影響，不爲不巨矣。

最近則有從甘肅、新疆發現之簡書數百片，其年代則自西漢迄六朝，約七百年間物也。雖皆零縑斷簡，然一經科學的考證，其裨於史料者乃無量：例如簡縑紙三物代興之次第，隸草楷字體遷移之趨勢，乃至漢晉間烽堠地段、屯戍狀況，皆可見焉。吾儕因此，轉對於晉齊宋之三度虛此發現，不能無遺憾也。（注十八）

最近古籍之再現，其大宗者則爲甘肅之敦煌石室。中以唐人寫佛經爲最多，最古者乃上逮符秦。（四世紀中葉。）其上乘之品，今什九在巴黎矣；而我教育部圖書館拾其餘瀝，猶得七千餘軸；私人所分弆亦千數，此實世界典籍空前之大發現也。其間古經史寫本足供校勘者，與夫佛經在今大藏外者皆甚多，不可枚舉。其他久佚之著作，亦往往而有。以吾所知，如慧超〈往五天笁傳〉，唐末已亡，忽於此間得其殘卷，與法顯玄奘之名著鼎足而三，寧非快事？惜其他諸書性質，以傳抄舊籍為主，裨助新知稍希；然吾確信苟有人能為統括的整理研究，其陸續供給史界之新資料必不乏也。（注十九）

6. **金石及其他鏤文**　金石為最可寶之史料，無俟喋陳。例如有含摩拉比（Hammurabi）之古柱，而巴比倫之法典略明；有阿育王之豐碑，而印度佛教傳播之迹大顯。西方古代史蹟，半取資於此途矣。惜我國現存金石，其關於典章文物之大者頗少。以吾儕所聞諸史乘者，如春秋時鄭有刑書、晉有刑鼎，其目的蓋欲將法律條文鏤金以傳不朽；然三代彝器出土不乏，而此類之鴻寶闕如，實我學界一大不幸也。

金石之學，逮晚清而極盛，其發達先石刻，次金文，最後則為異軍突起之骨甲文。今順次以其對於史料上之價值。

自來談石刻者，每盛稱其大有造於考史。雖然，吾不敢遽為此誇大之詞也。中國石刻，除規模宏大之石經外，造像經幢居十之五，銘墓文居十四。造像經幢中字，無關考史，不待問也。銘墓文之價值，其有以愈於彼者又幾何？金石家每刺取某碑誌中述某人爵里年代及其他小事迹與史中本傳相出入者，詫為瓌寶，殊不知此等薄物細故，在史傳中已嫌其贅；今更補苴罅漏，為「點鬼簿」作「校勘記」，吾儕光陰，恐不應如是其賤。是故從石刻中求史料，吾認為所得甚微。其中確有價值者：例如唐建中二年（西七八一。）之《大秦景教流行中國碑》，為基督教初入中國惟一之掌故；且下段附有敘里亞文，尤為全世界所罕見。（注二十）如元至正八年刻於居庸關之佛經，書以蒙古、畏兀、女眞、梵、漢五體；祥符大相國寺中，有元至元三年聖旨碑，書以蒙古、畏兀、漢字，三體；元至正八年之《莫高窟造像記》，其首行有書六體：異族文字，得借此以永其傳。（注二十一）如唐長慶間（八二一至八二四。）之《唐蕃會盟碑》，將盟約原文，刻兩國文字，可以見當時條約格式及其他史實。（注二十二）如開封挑筋教人所立寺，有明正德六年（西一五一一，）佚碑，可證猶太人及猶太教入中國之久。（注二十三）諸如此類，良可珍貴。大抵碑之在四裔者，其有助於考史最宏：如東部之《丸都紀功刻石》，（魏正始間，）《新羅眞興王定界碑》，（陳光大二年，）《平百濟碑》，（唐顯慶三年，6）《劉仁願紀功碑》，（唐麟德龍翔間，7）等；西部之《裴岑紀功刻石》，漢永和二年，《沙南侯獲刻石》，（漢永和五年，）《劉平國作關城頌》，（無年月，）《姜行本紀功頌》，（唐貞觀十四年，）《索勳紀德碑》，（唐景德元年，8）等；北部之《苾伽可汗碑》，（唐開元二十三年，）《闕特勤碑》，（唐開元二十年，）《九姓回鶻可汗碑》，（無年月，亦唐刻，）等；南部之《爨寶子碑》，（晉大享四年，）《爨龍顏碑》，（劉宋大明二年，）《平蠻頌》，（唐大歷十二年，）

---

6 「三年」應作「五年」。

7 唐代無「龍翔」年號，實為「龍朔」之誤。

8 唐代無「景德」年號，宋代有此年號。

《大理石城碑》，（宋開寶五年。9）等；皆迹存片石，價重連城。（注二十四）何則？邊裔之事，關於我族與他族之交涉者甚巨；然舊史語焉不詳；非借助石刻，而此種史料遂湮也。至如內地一般銘窆之文，苟冢中人而無足重輕者，吾何必知其事迹？其人如爲歷史上重要人物，則史既已有傳；而碑誌辭多溢美，或反不足信，是故其裨於史料者乃甚希也。研究普通碑版，與其從長篇墓銘中考證事迹，毋寧注意於常人所認爲無足重輕之文，與夫文中無足重輕之字句。例如觀西漢之〈趙王上壽〉、〈魯王泮池〉兩刻石之年號，而知當時諸侯王在所封國內各自紀年。（注二十五）觀漢碑陰所記捐錢數而略推當時之工價物價。（注二十六）此所謂無足重輕之字句也。例如觀各種買地莂，可察社會之迷信滑稽的心理。（注二十七）觀元代諸聖旨碑，可見當時奇異之文體及公文格式。（注二十八）此所謂無足重輕之文也。

吾從石刻中搜史料，乃與昔之金石學家異其方向。吾最喜爲大量的比較觀察，求得其總括的概象，而推尋其所以然。試舉其例：吾嘗從事於石畫的研究：見漢石有畫無數，魏晉以後則漸少，以至於絕；此何故者？石畫惟山東最多，次則四川，他省殆無有；此又何故者？吾嘗從事於佛教石刻的研究：見造像惟六朝時最多，前乎此者無有，後乎此者則漸少；此何故者？同是六朝也，惟北朝之魏齊獨多，南朝及北周則極少；此又何故者？河南之龍門造像千餘龕，魏齊物什而

9 「五年」就作「四年」。

七八，隋刻僅三耳；而山東之千佛、雲門、玉函諸山，殆皆隋刻，直隸之宣霧山、南響堂山，又殆皆唐刻；此又何故者？自隋而經幢代造像以興，迄唐而極盛；此又何故者？宋以後而此類關於佛教之小石刻，殆皆滅絕；此又何故者？歷代佛教徒所刻佛經，或磨崖，或藏洞，或建幢，所至皆是，而儒經道經則甚希；此又何故者？吾嘗從事於墓文的研究：見北魏以後，墓誌如鯽，兩漢則有碑而無誌；此何故者？南朝之東晉宋齊梁陳，墓文極稀，不逮並時北朝百分之二三；此又何故者？此不過隨舉數例，若採用吾法，則其可以綜析研究之事項更甚多，固無待言。吾之此法，先求得其概象，然後尋其原因，前文所謂「何故何故」，吾有略能解答者，有全未能解答者。然無論何項，其原因皆甚複雜，而與社會他部分之事實有種種聯帶關係，則可斷言也。此種搜集史料方法，或疑其瑣碎無用，實乃不然。即如佛教石刻一項，吾統觀而概想之，則當時四五百年間社會迷信之狀況，能活現吾前；其迷信之地方的分野與時代的蛻變，亦大略可睹；捨此以外，欲從舊史中得如此明確之印象，蓋甚難也。吾前所言抽象的史料，即屬此種。凡百皆然，而石刻之研究，亦其一例耳。

金文之研究，以商周彝器爲主。吾前已曾言其美術方面之價值矣，今更從文字款識上有所論列。金文證史之功，過於石刻；蓋以年代愈遠，史料愈湮，片鱗殘甲，罔不可寶也。例如周宣王伐玁狁之役，實我民族上古時代對外一大事，其迹僅見《詩經》，而簡略不可理；及《小盂鼎》、《虢季子白盤》、《不𡢁敦》、《梁伯戈》諸器出世，經學者悉心考釋，然後茲役之年月、戰線、戰略、兵數，皆歷歷可推。（注二十九）又如西周時民間債權交易準折之狀況，及民事案件之裁判，古書中一無可考；自《曶鼎》出，推釋之即略見其概。（注三十）餘如《克鼎》、《大盂鼎》、《毛公鼎》等，字數抵一篇《尚書》，典章制度之藉以傳者蓋多矣。又如《秦詛楚文》，於當時宗教信仰情狀，兩國交惡始末，皆有關係；雖原器已佚，而摹本猶為瓌寶也。（注三十一）若衡以吾所謂抽象的史料者，則吾曾將金文中之國名，試一搜集，竟得九十餘國，其國在春秋時已亡者，蓋什而八九矣。若將此法應用於各方面，其所得必當不乏也。至如文字變遷之迹，賴此大明，而衆所共知，無勞喋述矣。

距今十五六年前，在河南安陽縣治西五里之小屯，得骨甲文無數，所稱「殷墟書契」者是也。初出時，世莫識其文，且莫能名其為何物；十年來經多數學者苦心鑽索，始定其為龜甲獸骨之屬，其發現之地為殷故都，其所槧為殷時文字，字之可識者略已過千，文亦寖可讀。於是為治古代史者莫大之助。蓋吾儕所知殷代史蹟除《尚書》中七篇及《史記》之《殷本紀》、《三代世表》外，一無所有；得此乃忽若闢一新殖民地也。此項甲文中所含史料，當於敘述殷代史時引用之，今不先舉。要之此次之發現，不獨在文字源流學上開一新生面，而其效果可及於古代史之全體，吾不憚昌言也，金石證史之價值，此其最高矣。（注三十二）

7. **外國人著述**　泰西各國，交通夙開，彼此文化，亦相匹敵；故甲國史料，恆與乙國有關係；即甲國人專著書以言乙國事者亦不少。我國與西亞及歐非諸文化國既窵隔，亙古不相聞問；其在西北徼，與我接觸之民族雖甚多，然率皆蒙昧，或并文字而無之，遑論著述。印度文化至高，與我國交通亦早；然其人耽悅冥想，厭賤世務，歷史觀念，低至零度；故我國猶有法顯、玄奘、義淨所著書，爲今世治印度史者之寶笈；（注三十三）然而印度碩學，曾遊中國者百計，梵書記中國事者無聞焉。若日本，則自文化系統上論，五十年前，尚純爲我附庸；其著述之能匡裨我者甚希也。故我國史蹟，除我先民躬自紀錄外，未嘗有他族能爲我稍分其勞。唐時有阿拉伯人僑商中國者所作遊記，內有述黃巢陷廣東情狀者，眞可謂鳳毛麟角。其歐人空前述作，則惟馬哥波羅一遊記，歐人治東學者至今寶之。（注三十四）次則拉施特之《元史》，所述皆蒙古人征服世界事，而於中國部分未之及，僅足供西北徼沿革興廢之參考而已。（注三十五）五六十年以前歐人之陋於東學，一如吾華人之陋於西學；其著述之關於中國之記載及批評者，多可發噱。最近則改觀矣，其於中國古物，其於佛教，其於中國與外國之交涉，皆往往有精詣之書，爲吾儕所萬不可不讀。（注三十六）蓋彼輩能應用科學方法以治史，善搜集史料而善駕馭之，故新發明往往而有也。雖然，僅能爲窄而深之局部的研究，而未聞有從事於中國通史者，蓋茲事艱巨，原不能以責望於異國人矣。日本以歐化治東學，亦頗有所啓發，然其業未成。（注三十七）其坊間之《東洋史》、《支那史》等書累累充架，率皆鹵莽滅裂，不值一盼。而現今我國學校通用之國史教科書，乃率皆裨販迻譯之以充數，眞國民莫大之恥也。

以上所列舉，雖未云備，然史料所自出之處，已略可見，循此例以旁通之，眞所謂「取諸左右逢其源」矣。吾草此章竟，吾忽起無限感慨：則中國公共收藏機關之缺乏，爲學術不能進步之極大原因也。歐洲各國，自中古以還，即以教會及王室爲保存文獻之中樞，其所藏者，大抵歷千年未嘗失墜，代代繼長增高。其藏書畫器物之地，又大率帶半公開的性質，市民以相當的條件，得恣觀覽。近世以還，則此種機關，純變爲國有或市有。人民既感其便利，又信其管理保存之得法，多舉私家所珍襲者，叢而獻之，則其所積日益富。學者欲研究歷史上某種事項，入某圖書館或某博物館之某室，則其所欲得之資料粲然矣。中國則除器物方面方面絕未注意保存者不計外，其文籍方面，向亦以「天祿石渠典籍之府」爲最富。然此等書號爲「中秘」，絕非一般市民所能望見。而以中國之野蠻革命，賡續頻仍，每經喪亂，舊藏蕩焉。例如董卓之亂，漢獻西遷，蘭臺石室之圖書縑帛，軍人皆取爲帷囊。梁元帝敗沒於江陵，取天府藏書繞身焚之，嘆曰：「文武之道，盡今日矣。」此類慘劇，每閱數十百年，例演一次。讀《隋書．經籍志》、《文獻通考》等所記述，未嘗不泫然流涕也。其私家弆藏，或以子孫不能守其業，或以喪亂，恆閱時而灰燼蕩佚。天一之閣，絳雲之樓，百宋之廛，……今何在矣？直至今日，交通大開，國於世界者，各以文化相見，而我自首處善以至各省都會，乃竟無一圖書館，無一博物館，無一畫苑。此其爲國民之奇恥大詬且勿論；而學者欲治文獻，復何所憑借？即如吾本章所舉各種史料，試問以私人之力，如何克致？吾津津然道之，則亦等於貧子說金而已。即勉強以私力集得若干，亦不過供彼一人之擘索，而社會上同嗜者終不獲有所沾潤。如是而欲各種學術爲平民式的發展，其道無由。吾儕既身受種種苦痛，一方面既感文獻證迹之易於散亡，宜設法置諸最安全之地；一方面又感一國學問之資料，宜與一國人共之；則所以胥謀焉以應此需求者，宜必有道矣。

注一　龍門佛像，雖多而小，雲岡諸像，高至六七丈者甚多，其雕成全幅圖畫者亦不少，實吾國佛教美術精華所聚也。日本松本文三郎之《支那佛教遺物》記載甚詳，且能言其與印度捷陀羅美術之異同。近人蔣希召之《遊記第一集》，所記亦翔實。

注二　諸器大抵皆元郭守敬所造，拳禍時為德人所掠，前年遵威賽條約還我者，即此物也。

注三　鉅鹿古城，即在今城原址，入地二丈許。知為大觀二年故墟者，有碑可證也。前年夏秋間，居民掘地，忽睹破屋，且有陶瓷等物，持以適市，竟易得錢，漸掘其旁，屋乃櫛比。事聞於骨董商，乃麕集而掘遺物，以善價沽諸外國人者什而八九。今一小部分為教育部所收得，陳諸午門之歷史博物館；然其細已甚矣。且原有房屋，破壞無餘。若政府稍有紀綱，社會稍有智識者，能於初發現時即封存之，古屋之構造，悉勿許毀傷，而盡收其遺物設一博物館於鉅鹿，斯亦一「小邦淠」矣。惟聞故城大於今城，今已掘兩年，猶未及垣，或者更有所獲。又聞其地掘井，須二十丈乃得水源，而入地十丈許，往往遇甃瓦之屬，則安知非大觀二年以前，已經一兩度之淹沒耶？果爾，則商周間社會生活狀態，竟從此得意外之發明，未可知也。姑懸此說，以俟後之治科學者。

注四　周秦間畫壁之風甚盛（吾別有考證），不知後來何以漸替，今全國傳留者極少。泰安縣岳廟，兩壁畫「岳帝出巡圖」，相傳是唐畫，然吾不敢信；即爾，亦不知經後人塗抹幾次矣。高昌壁畫與敦煌石室遺書同時發現，坊間近有影本。

注五　宋人專門著錄銅器之書，有《宣和博古圖》，呂大臨《考古圖》，無名氏《續考古圖》，薛尚功《鐘鼎款識》，王厚之《復齋鐘鼎款識》，張掄《紹興內府古器評》等。

注六　此所舉數，據今人王國維所著《宋金文著錄表》、《國朝金文著錄表》，但皆兼兵器雜器合計，宋表且兼及秦漢以後器。惟無文字款識者，不在此數。

注七　潘祖蔭《攀古樓彝器款識自序》云：「古器自周秦至今，凡有六厄；……《史記》曰：『始皇鑄天下兵器為金人』，……兵者戈戟之屬，器者鼎彝之屬，秦政意在盡天下之銅，必盡括諸器可知。此一厄也。《後漢書》：『董卓更鑄小錢，悉取洛陽及長安鐘簴飛廉銅馬之屬以充鑄焉。』此二厄也。《隋書》：『開皇九年四月毀平陳所得秦漢三大鐘，越三大鼓，十一年正月以平陳所得古物多為禍變，悉命毀之。』此三厄也。《五代會要》：『周顯德二年九月敕兩京諸道州府銅象器物諸色，限五十日內并須毀廢送官。』此四厄也。《大金國志》：『海陵正隆三年詔毀平遼宋所得古器。』此五厄也。《宋史》：『紹興六年斂民間銅器，二十八年出御府銅器千五百事付泉司，……』此六厄也。……」[10]觀此可想見古器毀壞之一斑。四年前歐戰正酣，銅價飛漲，僻邑窮材之銅，悉搜括以輸於外，此間又不知燬去史蹟幾許矣。

注八　漢熹、魏、正始、唐開成、宋嘉祐、西蜀孟氏、南宋高宗、清乾隆，皆嘗有石經之刻：今惟唐刻存西安府學，清刻存北京國子監。佛教石經至多。最大者為大房山之雷音洞，共二千三百餘石，作始於隋，竣事於遼，歷七百餘年，實人類繼續活動中之最偉大者也。自餘石經，今人葉昌熾《語石》卷三卷四，記述頗詳。

注九　漢人石闕石壁，多為平面雕刻的畫像。其見於諸家著錄者，都凡九十二種三百二十九石，內出河南者三十石，出四川者四十四石，出江蘇者二石，出甘肅者一石，其餘則皆出山東也。以吾所聞知，此種石畫今在日本者十九石，在法國者十二石，在德國者三石，在美國者一石，近一二年來有無再流出不可知矣。能悉集其拓本比較研究，實二千年前我國繪畫雕刻之一大觀也。

魏齊隋唐造像，不可以數計，僅龍門一處，其可拓者已二千三百餘種矣。其中尤有極詭異精工之畫。唐昭陵六馬，高等原形，靈岩之宋雕四十羅漢，神采飛動，皆吾國石刻不朽之品也。歷代石畫概略，《語石》卷五論列得要。

注十　今人章鴻釗著《石雅》，記國內外地質學者研究所得結果，極可觀。

10　「六厄」原作「七厄」；「金人」上原有「十二」二字；「正月」下原有「丁酉」二字，「古物」原作「古器」，「九月」下原有「一月」二字。刪節號除末尾所用，皆為代添。

注十一　羅馬教皇宮圖書館中，有明永曆〈上教皇頌德書〉，用紅緞書方寸字，略如近世之壽屏。此類史料之非佚而再現，直以原迹傳至今者，以吾所見，此為最古矣。日本聞有中國隋唐間原物甚多，惜未得見。

注十二　任昉兩文，皆見《文選》。其〈奏彈劉整〉一篇，全錄當時法庭口供九百餘字，皆爭產賴債、盜物、虐使奴婢等瑣事，供詞半屬當時白話。王褒〈僮約〉見《藝文類聚》三十五。其性質為「純文學的」，本與具體的史蹟無關，然篇中材料，皆當時巴蜀間田野生活也。

注十三　牛弘論書有五厄，見《隋書》本傳。其歷代書籍散亡之狀況，《文獻通考·經籍考序》所記最詳。

注十四　纂輯類書之業，亦文化一種表徵。歐洲體裁略備之百科全書（*Encyclopedia*），蓋起自十五世紀以後。我國則自梁武帝時，（五〇二—五四九）盛弘斯業。今見於《隋書·經籍志》者，有《皇覽》六百八十卷，《類苑》一百二十卷，《華林遍略》六百二十卷，《壽光書苑》二百卷，《聖壽堂御覽》三百六十卷，《長洲玉鏡》二百三十八卷，《書抄》一百七十四卷，其餘數十卷者尚多，惜皆已佚。今《四庫》中現存古類書之重要者如下：

《北堂書抄》一百六十卷　唐虞世南撰　此書蓋成於隋代（約六〇一—六一〇）
《藝文類聚》一百卷　唐歐陽詢等奉敕撰　貞觀間（六二七—六四九）
《初學記》三十卷　唐徐堅等奉敕撰
《太平御覽》一千卷　宋李昉等奉敕撰　太平興國二年（九七七）
《冊府元龜》一千卷　宋王欽若等奉敕撰　景德二年（一〇〇五）
《玉海》二百卷　宋王應麟撰
《永樂大典》二萬二千九百卷　明解縉等奉敕編　永樂間（一四〇三—一四二四）

其清代所編諸書不復錄。右各書惟《永樂大典》未刻，其寫本舊藏清宮。義和拳之亂，為聯軍所分掠。今歐洲日本諸圖書館中，每館或有一二冊至十數冊不等。

注十五　西晉時《汲冢竹書》，其來歷，已略見本篇第二章注七。今更補述其要點：書藏汲郡之魏安釐王冢。晉太康二年，郡人不准盜發得之，凡數十車。皆竹簡素絲綸，簡長二尺四寸，以墨書，一簡四十字。初發冢者燒策照取寶物，及官收之，多燼簡斷札。武帝以其書付祕書校綴次第，尋考指歸。而以今文寫之。所寫出諸書如下：(一)《紀年》十三篇，(二)《易經》一篇，(三)《易繇陰陽卦》二篇，(四)卦《下易經》一篇，(五)《公孫段》二篇，(六)《國語》三篇，(七)《名》三篇，(八)《師春》一篇，(九)《瑣語》十一篇，(十)《梁丘藏》一篇，(十一)《繳書》二篇，(十二)《生封》一篇，(十三)《穆天子傳》五篇，(十四)《大歷》二篇，(十五)《雜書》十九篇，內《周食田法》，《周穆王盛姬死事》等，凡七十五篇。此《晉書‧束皙傳》、《荀勗傳》所記大概也。

蕭齊時（四七九—五〇一）襄陽有盜發古冢者，相傳是楚王冢。大獲寶物玉屐玉屏風、竹簡書青絲綸，盜以把火自照。後人有得十餘簡，以示王僧虔。僧虔云是科斗書《考工記》也。事見《南齊書‧文惠太子傳》。

宋政和間（一一一一—一一一八）[11]發地得竹木簡一甕，多漢時物，散亂不可考，獨永初二年討羌符文字尚完，皆章草書。吳思道曾親見之於梁師成所。其後淪於金以亡。事見黃伯思《東觀餘論》卷上，趙彥衛《雲麓漫抄》卷七。

此可謂歷史上竹簡書之三大發現，惜其結果不傳至今耳。

注十六　晉漢冢書發現後，學界陡生波瀾。荀勗、和嶠首奉敕撰次，衛桓加以考正；束皙隨疑分釋；皆有義證。王庭堅著書難皙，亦有證據。潘滔勸王接別著論解二子之紛，摯虞、謝衡見之，咸以為允。事見《晉書‧王接傳》。

注十七　《竹書紀年》最駭人聽聞者如夏啓殺伯益、太甲殺伊尹、文丁殺季歷等，又言夏之年祚較殷為長，此皆與儒

11 「八」原誤作「九」。

家舊說不相容。文見〈東晳傳〉，今偽本削去矣。

注十八　清光緒三十四年（距今十三年前），英人斯坦因（A. Stein）在敦煌附近，羅佈淖爾附近，于闐附近，各得古簡牘多種，最古者有漢宣帝元康、神爵、五鳳，諸年號。大約兩漢物居半，餘半則晉以後物也。法人沙畹（Chavannes）著有考釋，吾國則羅振玉、王國維合著《流沙墜簡考釋》，辨證極詳核。

注十九　清光緒末，法人白希和遊甘肅之敦煌，見土人有爇故紙而調其灰於水，謂為神符，能療病者；視之，則唐人所寫佛經也。迹之，知得自一石室。即之，則室中乃琳琅無盡藏。考之，知為西夏藏書之府也。白氏擇其精者輦以歸，其中有摩尼教經典，全世界所無也。古畫亦有數軸。白氏嘗為余言，吾載十大車而止，過此亦不欲再傷廉矣。其輦去者，今一大部分在巴黎國立圖書館也。白氏歸北京，事頗聞于士大夫。良久，學部都乃遣人往收其餘瀝，所得猶將萬軸。輦至京，而達官名士，巧取豪奪，其尤精善者多人私家，今存教育部圖書館者約七千軸，又各人選擇之餘也。然當時學部所收尚未盡，非久有日本人續往訪，所得亦千計。其屬於儒書一部分，羅振玉影印者已不少。然此中什九皆佛經，現已發現多種為今佛藏中所無者。且經典外之雜件，亦非無之；以吾所見，已有地券信札等數紙，其年代最古者為符秦時（忘其年）。以千餘年前之古圖書館，一旦發現，不可謂非世界文化一大慶也。惜原物今已散在各國，并一總目錄而不能編集也。

注二十　《景教碑》今在長安碑林。其原文，自《金石萃編》以下諸家書多全錄，前人或疑為波斯教、回回教等，今則景教確為基督教，已成學界定論。今人錢恂《歸潛記》有〈跋〉一篇，考證最精確。

注二十一　居庸關有一地如城門洞者（行人必經之路），圓頂及兩壁，滿雕佛像，槧工精絕。間以佛經，用五體字：學者考定漢字以外，則一蒙古，二畏兀，三女真，四梵也。畏兀亦名畏吾，即唐之回鶻。此刻蓋元時物，今完好無損。

莫高窟有六體字，摹錄如下，其何體屬何族，則吾未能辨也。

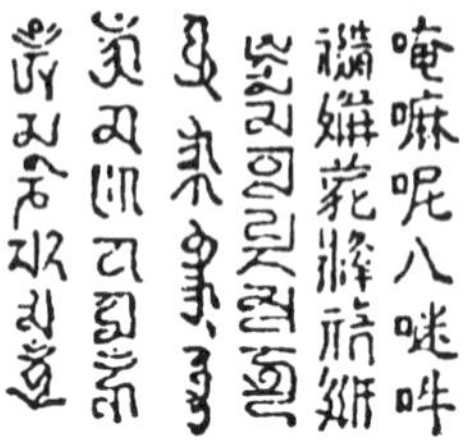

注二十二　《唐蕃會盟碑》，吾未見拓本；今人羅振玉《西陲石刻錄》有其全文。碑陽刻漢文，碑陰刻唐古忒文，兩文合璧，皆盟約正文也。兩側則刻兩國蒞盟人之官銜姓名。此刻石文中之最特別者。

注二十三　開封之挑筋教寺，據錢恂《歸潛記》引清同治五年英人某報告，稱寺中有兩碑，言寺創設於宋隆興二年（一一六四），改築於明成化四年（一四六八）。今碑已佚矣。清洪鈞《元史譯文證補》卷二十九記此事，猶云「地有猶太碑，碑文附後」；然今洪書無碑，殆刊時失之。此孤微之史料，恐從此湮滅矣。

注二十四　各碑錄文，多見清王昶《金石萃編》，陸耀遹《金石續編》。惟《丸都紀功》乃新出土者，《苾伽可汗》、《九姓回鶻》乃俄人以影本送致總理衙門者；諸家皆未著錄。

注二十五　此兩石實漢石最古者，錄文見《金石萃編》。

注二十六　漢碑記此者，有《禮器》、《倉頡廟》、《咸陽靈臺》、《魯峻》、《堯廟》、《曹全》、《張遷》等碑。

注二十七　宋周密《癸辛雜識》言在洛陽見一石刻，其文云：「大男楊紹從土公買冢地一丘，……直錢四百萬，即日交畢，日月為證，四時為任，太康五年九月二十九日對共破莂。」[12]此類券莂之刻，唐以後頗多，今存拓本尚逾十數。見《語石》卷五。

注二十八　元聖旨碑，現存者如泰安岳廟，襄陽五龍廟，尚十餘通，《語石》卷三，曾全錄其一，文詞之鄙俚怪誕，殊可發噱。《岳廟碑》有云：「和尚，也里可溫，先生，達識蠻每，不拘揀什麼差發，休當者。」[13]文見清顧炎武《山東考古錄》。其所云「也里可溫」即天主教徒；「先生」即道士；「達識蠻」即回教徒；「每」者，們也。意言釋道耶回教徒人等皆蠲免賦役也。此亦可考當時信教自由之制。

注二十九　今人王國維有〈鬼方昆夷玁狁考〉及〈不𡢁敦蓋銘考釋〉兩篇，考證茲役，甚多新解。

注三十　清劉心源《奇觚室吉金文述》，釋《曶鼎》文最好。

注三十一　《詛楚文》摹本見《絳帖》；《古文苑》有釋文。

注三十二　殷墟書契最初影印本，有劉鐵雲之《鐵雲藏龜》。其治此學最精深者為羅振玉，著有《殷商貞卜文字考》、《殷墟書契》、《殷墟書契後編》、《殷墟書契菁華》、《殷墟書契考釋》、《書契待問編》等。又王襄著有《簠室殷契類纂》。

注三十三　晉法顯，唐玄奘，義淨，皆遊歷印度之高僧。顯著有《佛國記》，奘著有《大唐西域記》，淨著有《南海寄歸傳》，此三書英法俄德皆有譯本，歐人治印度學必讀之書也。

注三十四　馬哥波羅，義大利之維尼斯人。生於一二五一，卒於一三二四。嘗仕元世祖，居中國十六年，歸而著一遊記。今各國皆有譯本，近亦有譯為華文者矣。研究元代大事及社會情狀極有益之參考書也。

---

12 此則原出錢大昕《十駕齋養新錄》卷十五「楊紹買地券」條引周密《癸辛雜識》語後，實為周書所無。

13 「拘」字原無。

注三十五 拉施特，波斯人。仕元西域宗王合贊，奉敕修《國史》，書成，名曰《蒙古全史》以波斯文寫之，今僅有抄本。俄德英法皆有摘要抄譯本。清洪鈞使俄，得其書，參以他書，成《元史譯文證補》三十卷，為治元史最精詣之書。但其關於中國本部事迹甚少，蓋拉氏身仕宗藩，詳略之體宜爾也。

注三十六 現代歐人關於中國考史的著述，摘舉其精到者若干種列下：

㈠關於古物者：

Münsterberg: Geschichte der Chinesischen Künste.

B. Laufer: Jade

B. Laufer: Sino-Iranica.

B. Laufer: Numerous Other Scientific Papers.

Chavamnes: Numerous Books and Sciencific Papers.

Pelliot: Mission Pelliot en Asie Centrale.

A. Stein: Ancient Khotan.

A. Stein: Ruins of Desert Cathay.

㈡關於佛教者：

Waddell: Lhasa and its Mysteries.

Hornle: Manuscript Remains of Buddhist Literature Found in Eastern Turkestan.

Huth: Geschichte des Buddhismus in der Mongolei.

Thomas Watters: On Yuan Chwang's Travels in India.

㈢關於外國關係者：

Blochet: Introduction a une Histoire des Mongoles.

Hirth: China and the Roman Orient.
Mookerji: A History of Indian Shipping and Maritime Activity from the Earliest Times.
V. Staël-Holstein: Tocharisch und die Sprache 1.
V. Staël-Holstein: Tocharisch und die Sprache 2.
Chavannes: Les Tou-kiue Occidentaux
O. Franke: Beitrage aus Chinesischen Quellen zur Kenntniss der Turkvölker und Skythen Zentralasiens.[14]

注二十七　日本以研究東洋學名家者如白鳥庫吉、那珂通世之於古史及地理，松本文三郎之於佛教，內藤虎次郎之於目錄金石，鳥居龍藏之於古石器，皆有心得，但其意見皆發表於雜誌論文，未成專書。

14 「o」上原無點，代添；最後一詞末尾之「s」原無，代加。

第五章　史料之搜集與鑑別

前章列舉多數史料，凡以言史料所從出也。然此種史料，散在各處，非用精密明敏的方法以搜集之，則不能得。又眞贋錯出，非經謹嚴之抉擇，不能甄別適當。此皆更需有相當之技術焉。茲分論之。

第一　搜集史料之法

普通史料之具見於舊史者，或無須特別之搜集，雖然，吾儕今日所要求之史料，非即此而已足。大抵史料之爲物，往往有單舉一事，覺其無足重輕，及匯集同類之若干事比而觀之，則一時代之狀況可以跳活表現。此如治庭園者，孤植草花一本，無足觀也；若集千萬本，蒔以成畦，則絢爛眩目矣。又如治動物學者搜集標本，僅一枚之貝，一尾之蟬，何足以資孯索；積數千萬，則所資乃無量矣。吾儕之搜集史料，正有類於是。試舉吾所曾致力之數端以爲例：

甲、吾曾欲研究春秋以前部落分立之情狀。乃從《左傳》、《國語》中，取其所述已亡之國最而錄之，得六十餘；又從《逸周書》搜錄，得三十餘；又從《漢書．地理志》、《水經注》搜錄，得七十餘；又從金文款識中搜錄，得九十餘；其他散見各書者尚三四十；除去重複，其夏商周古國名之可考見者，猶將三百國。而大河以南江淮以北殆居三之二。其中最稠密之處——如山東、河南、湖北，有今之一縣而跨有古三四國之境者。試爲圖爲表以示之，而古代社會結構之迴殊於今日，可見一斑也。

乙、吾曾欲研究中國與印度文化溝通之迹，而考論中國留學印度之人物。據常人習知者，則前有法顯，後有玄奘，三數輩而已。吾細檢諸傳記，陸續搜集，乃竟得百零五人，其名姓失考者尚八十二人，合計百八十有七人，吾初研究時據慧皎之《高僧傳》，義淨之《求法傳》，得六七十人，已大喜過望，其後每讀一書，遇有此者則類而錄之，經數月乃得此數。吾因將此百八十餘人者稽其年代籍貫，學業成績，經行路線等，爲種種之統計；而中印往昔交通遺迹，與夫隋唐間學術思想變遷之故，皆可以大明。

丙、吾曾欲研究中國人種變遷混合之迹，偶見史中載有某帝某年徙某處之民若干往某處等事，史文單詞隻句，殊不足動人注意也。既而此類事觸於吾目者屢見不一見，吾試匯而抄之，所積已得六七十條；然猶未盡。其中徙置異族之舉較多，最古者如堯舜時之分背三苗；徙置本族者亦往往而有，最著者如漢之遷六國豪宗以實關中。吾睹此類史蹟，未嘗不掩卷太息，嗟彼小民，竟任政府之徙置我如弈棋也。雖然，就他方面觀之，所以搏捖此數萬萬人成一民族者，其間接之力，抑亦非細矣。吾又嘗向各史傳中專調查外國籍貫之人，例如匈奴人之金日磾，突厥人之阿史那忠，于闐人之尉遲敬德，印度人之阿那羅順等，與夫入主中夏之諸胡之君臣苗裔，統列一表，則種族混合之情形，益可見也。

丁、吾又嘗研究六朝唐造像，見初期所造者大率爲釋迦像，次期則多彌勒像，後期始漸有阿彌陀像觀世音像等，因此可推見各時代信仰對象之異同，即印度教義之變遷，亦略可推見也。

戊、吾既因前人考據，知元代有所謂「也里可溫」者，即指基督教，此後讀《元史》及元代碑版與夫其他雜書，每遇「也里可溫」字樣輒乙而記之，若薈最成篇，當不下百條。試加以綜合分析，則當時基督教傳播之區域及情形，當可推得也。以上不過隨舉數端以為例。要之吾以為吾儕欲得史料，必須多用此等方法。此等方法，在前清治經學者多已善用之，如《經傳釋詞》、《古書疑義舉例》等書，即其極好模範。惟史學方面，則用者殊少；如宋洪邁之《容齋隨筆》，清趙翼之《廿二史劄記》，頗有此精神；惜其應用範圍尚狹。此種方法，恆注意於常人所不注意之處，常人向來不認為史料者，吾儕偏從此間覓出可貴之史料。欲應用此種方法，第一步，須將腦筋操練純熟，使常有銳敏的感覺。每一事項至吾前，常能以奇異之眼迎之，以引起特別觀察之興味。世界上何年何日不有蘋果落地，何以奈端獨因此而發明吸力；世界上何年何日不有開水沖壺，何以瓦特獨能因此而發明蒸汽；此皆由有銳敏的感覺，施特別的觀察而已。第二步，須耐煩。每遇一事項，吾認為在史上成一問題有應研究之價值者，即從事於徹底精密的研究，搜集同類或相似之事項，綜析比較，非求得其真相不止。須知此種研究法，往往所勞甚多，所獲甚簡。例如吾前文所舉甲項，其目的不過求出一斷案曰「春秋前半部落式之國家甚多」云爾；所舉乙項，其目的不求出一斷案曰「六朝唐時中國人留學印度之風甚盛」云爾。斷案區區十數字，而研究者，動費一年數月之精，毋乃太勞？殊不知凡學問之用科學的研究法者，皆須如是；苟不如是，便非科學的，便不能在今世而稱為學問。且宇宙間之科學，何一非積無限辛勞以求得區區數字者？達爾文養鴿蒔果數十年，著書數十萬言，結果不過詒吾輩以「物競天擇適者生存」八個大字而已。然試思十九世紀學界中，若少卻此八個大字，則其情狀爲何如者？我國史學界，從古以來，未曾過科學的研究之一階級，吾儕今日若能以一年研究之結果，博得將來學校歷史教科書中一句之採擇，吾願已足，此治史學者應有之覺悟也。

尤有一種消極性質的史料，亦甚爲重要：某時代有某種現象，謂之積極的史料，某時代無某種現象，謂之消極的史料。試舉其例：

甲、吾儕讀《戰國策》，讀《孟子》，見屢屢有黃金若干鎰等文，知其時確已用金屬爲貨幣。但字書中關於財貨之字，皆從貝不從金，可見古代交易媒介物，乃用貝而非用金。再進而研究鐘鼎款識，記用貝之事甚多，用金者雖一無有；《詩經》亦然；殷墟所發現古物中，亦有貝幣無金幣，因此略可推定西周以前，未嘗以金屬爲幣。再進而研究《左傳》、《國語》、《論語》，亦絕無用金屬之痕迹。因此吾儕或竟可以大膽下一斷案曰：「春秋以前未有金屬貨幣。」若稍加審慎，最少亦可以下一假說曰：「春秋以前金屬貨幣未通用。」

乙、我國未有紙以前，文字皆「著諸竹帛」。然《漢書．藝文志》各書目，記篇數者什之七八，記卷數者僅十之二三，其記卷數者又率屬漢中葉以後之著述；因此可推定帛之應用，爲時甚晚。又據《史記》、《漢書》所載，當時法令公文私信什有九皆用竹木簡，知當時用竹之廣，遠過於用帛。再證以最近發現之流沙墜簡，其用縑質者皆在新莽以後，其用紙質者皆在兩晉以後。因此可以下一假說曰：「戰國以前謄寫文書，不用縑紙之屬；兩漢始用而未盛行。」又可以下一假說曰：「魏晉以後，竹木簡牘之用驟廢。」

丙、吾儕讀歷代高僧傳，見所記隋唐以前諸僧之重要事業，大抵云譯某經某論若干卷，或云講某經某論若干遍，或云爲某經某論作注疏若干卷；宋以後諸僧傳中，此類記事絕不復見，但記其如何洞徹心源，如何機鋒警悟而已。因此可以下一斷案曰：「宋以後僧侶不講學問」。

丁、吾儕試檢前清道咸以後中外交涉檔案，覺其關於教案者什而六七；當時士大夫關於時事之論著，亦認此爲一極大問題；至光宣之交，所謂教案者已日少一日；入民國以來，則幾無有。因此可以下一斷案曰：「自義和團事件以後，中國民教互仇之現象殆絕。」此皆消極的史料例也。此等史料，其重要之程度，殊不讓積極史料。蓋後代極普通之事象，何故前此竟不能發生？前代極普通之事象，何故逾時乃忽然滅絕？其間往往含有歷史上極重大之意義，倘忽而不省，則史之眞態未可云備也。此等史料，正以無史蹟爲史蹟，恰如度曲者於無聲處寄音節，如作書畫者於不著筆墨處傳神。但以其須向無處求之，故能注意者鮮矣。

亦有吾儕所渴欲得之史料，而事實上殆不復能得者。例如某時代中國人口有若干，此問題可謂爲研究一切史蹟重要之基件，吾儕所亟欲知也；不幸而竟無法足以副吾之望。蓋吾國既素無統計，雖以現時之人口，已無從得其眞數，況於古代？各史《食貨志》及《文獻通考》等書，雖間有記載，然吾儕不敢置信；且彼所記亦斷斷續續，不能各時代俱有；於是乎吾儕搜集之路殆窮。又如各時代物價之比率，又吾儕所亟欲知也。然其記載之闕乏，更甚於人口；且各時代所用爲價值標準之貨幣，種類複雜，而又隨時變紊，於是乎吾儕集之路益窮。若斯類者，雖謂之無史料焉可矣。雖然，吾儕正不必完全絕望。以人口問題論，吾儕試將各史〈本紀〉及《食貨志》所記者，姑作爲假定；益以各《地理志》中所分記各地方戶口之數，再益以方志專書——例如常璩《華陽國志》、范成大《吳郡記》等記述特詳者，悉匯錄而勘比之；又將各正史各雜史筆記中，無論文牘及談話，凡有涉及人口數有者——例如《左傳》記「衛戴公時衛民五千七百三十人」[1]，《戰國策》記蘇秦說齊宣王言「臨淄七萬戶，戶三男子」[2]等，凡涉及此類之文句，一一抄錄無遺；又將各時代徵兵制度、口算制度，一一研究，而與其時所得兵數所得租稅相推算。如此雖不敢云正確，然最少總能於一二時代中之一二地方得有較近眞之資料；然後據此爲基本，以與他時代他地方求相當之比例。若有人能從此用力一番，則吾儕對於歷史上人口之智識，必有進於今日也。物價問題，雖益複雜，然試用此法以求之，所得當亦不少。是故史料全絕之事項，吾敢信其必無；不過所遺留者或多或寡，搜集之或難或易耳。抑尤當知此類史料，若僅列舉其一條兩條，則可謂絕無意義絕無價値；其價値之發生，全賴博搜而比觀之耳。

以上所舉例，皆吾前此所言抽象的史料也。然即具體的史料，亦可以此法求之。往往有一人之言行，一事之始末，在正史上覺其史料缺乏已極；及用力搜剔，而所獲或意外甚豐。例如《史記》關於墨子之記述，僅得二十四字，其文曰：「蓋墨翟宋之大夫，善守禦，爲節用。或曰

1 《左傳・閔公二年》原文作「衛之遺民，男女七百有三十人，益之以共滕之民，為五千人，立戴公以廬於曹」。

2 「臨淄」下原有「之中」二字，「七萬戶」下有刪略。

并孔子時，或曰在其後。」（《孟子．荀卿列傳》。）此史料可謂枯渴極矣；而孫詒讓生二千年後，能作一極博贍翔實之《墨子傳》至數千言。（看《墨子閒詁》。）例如周宣王伐玁狁之役，《詩經》、《史記》、《竹書紀年》所述，皆僅寥寥數語；而王國維生三千年後，乃能將其將帥其戰線、其戰狀，詳細考出，歷歷如繪。（看《雪堂叢刻》。）此無他謬巧，其所據者皆人人共見之史料，彼其爬羅搜剔之術，操之較熟耳。又如指南針由中國人發明，此西史上所豔稱也。然中國人對於此物之來歷沿革，罕能言者。美人夏德（F. Hirth）所著《中國古代史》，則考之甚詳。其所徵引之書，則其一《韓非子》，其二《太平御覽》引《鬼谷子》，其三《古今注》，其四《後漢書．張衡傳》，其五《宋書．禮志》，其六《南齊書．祖沖之傳》，其七《宋史．輿服志》，其八《續高僧傳．一行傳》，其九《格致鏡原》引《本草衍義》，其十《夢溪筆談》，其十一《朝野僉載》，其十二《萍洲可談》，其十三《圖書集成．車輿部》。以上所考，是否已備雖未敢斷，然吾儕讀之，已能將此物之淵源，得一較明確之觀念。夫此等資料，明明現存於古籍中；但非經學者苦心搜輯，則一般人末由察見耳。

亦有舊史中全然失載或缺略之事實，博搜旁證則能得意外之發現者。例如唐末黃巢之亂，曾大慘殺外國僑民，此可謂千年前之義和團也。舊史僅著「焚室廬殺人如刈」之一囫圇語，而他無徵焉。九世紀時，阿剌伯人所著《中國見聞錄》中一節云：「有Gonfu者，為商舶薈萃地，……紀元二百六十四年，叛賊Punzo陷Gonfu，殺回、耶教徒及猶太、波斯人等十二萬。……其後有五朝爭立之亂，貿易中絕。……」等語。歐洲人初譯讀此錄，殊不知所謂Gonfu者為何地，所謂Punzo者爲何人。及經東西學者細加考證，乃知回教紀元二六四年，當景教紀元之八七七—八七八年，即唐僖宗乾符四年至五年也。而其年黃巢實寇廣州。廣州者，吾粵人至今猶稱爲「廣府」，知Gonfu即「廣府」之譯音；而Punzo必黃巢；其所謂後此五朝爭立之亂者，即指五代也。吾儕因此一段紀錄，而得有極重要之歷史上新智識：蓋被殺之外國人多至十二萬，則其時外人僑寓之多可想。吾儕因此引起應研究之問題有多種。例如：其一，當時中外通商何以能如此繁盛？其二，通商口岸是否僅在廣州，抑尚有他處？其發達程度比較如何？其三，吾儕聯想及當時有所謂「市舶司」者，其起源在何時，其組織何若，其權限何若？其四，通商結果，影響於全國民生計者何如？其五，關稅制度可考見者何如？其六，今所謂領事裁判權制度者，彼時是否存在？其七，當是否僅有外國人來，抑吾族亦乘此向外發展？其八，既有許多處人僑寓我國，其於吾族混合之關係何如？其九，西人所謂中國三大發明——羅盤針、製紙、火藥——之輸入歐洲，與此項史蹟之關係何若？……吾儕苟能循此途徑以致力研究，則因一項史蹟之發見，可以引起無數史蹟之發見。此類已經遺佚之史蹟，雖大半皆可遇而不可求；但吾儕總須隨外留心，無孔不入，每有所遇，斷不放過。須知此等佚迹，不必外人記載中乃有之，本國故紙堆中，所存實亦不少，在學者之能施特別觀察而已。

史料有爲舊史家故意湮滅或錯亂其證據者，遇此等事，治史者宜別搜索證據以補之或正之。明陳霆考出唐僖宗之崩以馬踐，宋太宗之崩以箭瘡發，二事史冊皆秘之不言。霆考證前事據《幸蜀記》，考證後事據神宗論滕章敏之言。（《兩山墨談》卷十四。）前事在歷史上無甚價值，雖佚不足顧惜。後事則太宗因伐契丹，爲虜所敗，負傷遁歸，卒以瘡發而殂。此實宋代一絕大事，後此澶淵之盟、變法之議、靖康之禍，皆與此有直接間接關係。此迹湮滅，則原因結果之系統紊矣。計各史中類此者蓋不乏。又不惟一二事爲然耳，乃至全部官書，自行竄亂者，往往而有。《宋神宗實錄》，有《日錄》及《朱墨本》之兩種，因廷臣爭黨見，各自任意竄改，致同記一事，兩本或至相反。（看清蔡鳳翔著《王荊公年譜》卷廿四〈神宗實錄考〉。3）至清代而尤甚。清廷諱其開國時之穢德，數次自改〈實錄〉。〈實錄〉稿今入王氏《東華錄》者乃乾隆間改本，與蔣氏《東華錄》歧異之處已甚多；然蔣氏所據，亦不過少改一次之本耳。故如太宗后下嫁攝政王，世宗潛謀奪嫡等等宮廷隱慝，諱莫如深，自不待言。即清初所興之諸大獄，亦掩其迹惟恐不密。例如順治十八年之「江南奏銷案」，一時搢紳被殺者十餘人，被逮者四五百人，黜革者萬三千餘人，摧殘士氣，爲史上未有之奇酷。然官書中并絲毫痕迹不可得見。今人孟森，據數十種文集筆記，鈎距參稽，然後全案信史出焉。（看《心史叢刊》第一集。）夫史料之偶爾散失者，其搜補也尚較易；故意湮亂者，其治理也益極難。此視學者偵察之以能力何如耳。

今日史家之最大責任，乃在搜集本章所言之諸項特別史料。此類史料，在歐洲諸國史，經彼史先輩搜出者已什而七八，故今之史家，貴能善因其成而運獨到之史識以批判之耳。中耳則未曾

3　「蔡鳳翔」應作「蔡上翔」（字元鳳），書名為《王荊公年譜考略》，〈神宗實錄考〉在卷廿五。

經過此階級，尙無正當充實之資料，何所憑借以行批判？漫然批判，恐開口便錯矣。故吾本章所論特注重此點。至於普通一事迹之本末，則舊籍具在，搜之不難，在治史者之如何去取耳。

第二　鑑別史料之法

史料以求眞爲尙。眞之反面有二：一曰誤，二曰僞。正誤辨僞，是謂鑑別。

有明明非史實而舉世誤認爲史實者：任執一人而問之曰，今之萬里長城爲何時物，其人必不假思索，立答曰秦始皇時。殊不知此答案最少有一大部誤謬或竟全部誤謬也。秦始皇以前，有燕之長城、趙之長城；秦始皇以後，有北魏之長城、北齊之長城、明之長城；具見各史。其他各時代小小增築尙多。試一一按其道理細校之，將見秦時城線，所占乃僅一小部分，安能舉全城以傅諸秦？況此小部分是否即秦故墟，尙屬問題。欲解此問題，其關鍵在考證秦時築城是否用磚抑用版築，吾於此事雖未得確證，然終疑用版築爲近。若果爾者，則現存之城，或竟無一尺一寸爲秦時遺迹，亦未可知耳。常人每語及道教教祖，輒言是老子。試讀《老子》五千言之著書，與後世道教種種矯誣之說風馬牛豈能相及？漢初君臣若竇后、文帝、曹參輩，著述家若劉安、司馬談輩，皆治老子之道家言，又與後世道教豈有絲毫相似？道教起源，明見各史，如《後漢書·襄楷傳》所載楷事及宮崇、于吉等事，《三國志·張魯傳》所載魯祖陵父衡及駱曜、張角、張修等事，其妖妄煽播之迹，歷歷可見；此又與周時作守藏史之老子，豈有絲毫關係？似此等事，本有較詳備之史料，可作反證；然而流俗每易致誤者，此實根於心理上一種幻覺，每語及長城輒聯想始皇，每語及道教輒聯想老子。此非史料之誤，乃吾儕自身之誤，而以所誤誣史料耳。吾儕若思養成鑑別能力，必須將此種心理結習，痛加滌除。然後能向常人不懷疑之點能試懷疑；能對於素來不成問題之事項而引起問題。夫學問之道，必有懷疑然後有新問題發生，有新問題發生然後有研究，有研究然後有新發明。百學皆然，而治史特其一例耳。

頃所舉例，吾命之曰局部的幻覺。此外尤有一般的幻覺焉：——凡史蹟之傳於今者，大率皆經過若干年若干人之口碑或筆述，而識其概者也。各時代人心理不同，觀察點亦隨之而異，各種史蹟，每一度從某新時代之人之腦中濾過，則不知不覺間輒微變其質。如一長河之水，自發源以至入海，中間所經之地所受之水，含有種種雜異之礦質，則河水色味，隨之而變，故心理上的史蹟，脫化原始史蹟而喪失其本形者往往而有。例如《左傳》中有名之五大戰——韓、城濮、鞌、邲、鄢陵，吾腦際至今猶有極深刻之印象，覺此五役者爲我國史中規模宏大之戰事。其實細按史文，五役者皆一日而畢耳；其戰線殆無過百里外者；語其實質，僅得比今閩粵人兩村之械鬥。而吾儕動輒以之與後世國際大戰爭等量齊觀者，一方面固由《左傳》文章優美，其鋪張分析的敘述，能將讀者意識放大。一方面則由吾輩生當二千年後，習見近世所謂國家者所謂戰爭者如彼如彼，動輒以今律古，而不知所擬者全非其倫也。夫在貨幣交易或信用交易時代則語實物交易時代之史蹟，在土地私有時代而語土地公有時代之史蹟，在郡縣官治或都市自治時代而語封建時代或部落時代之史蹟，在平民自由時代而語貴族時代或教權時代之史蹟，皆最容易起此類幻覺。幻覺一起，則眞相可以全蔽。此治學者所最宜戒懼也。

鑑別史料之誤者或僞者，其最直捷之法，則爲舉出一極有力之反證。例如向來言中國佛教起源者，皆云漢明帝永平七年遣使臣經西域三十六國入印度求得佛經佛像；但吾儕據《後漢書．西域傳》及他書，確知西域諸國自王莽時已與中國絕，凡絕六十五年，至明帝永平十六年始復通；永平七年正西域與匈奴連結入寇之時，安能派使通過其國？又如言上海歷史者，每托始於戰國時楚之春申君黃歇，故共稱其地曰申江，曰黃浦，曰歇浦。但近代學者從各方面研究之結果，確知上海一區，在唐前尚未成陸地，安得有二千餘年春申君之古蹟？似此類者，其反證力甚強，但得一而已足。苟非得更強之反證的反證，則其誤僞終不能回護。此如人或誣直不疑盜嫂，不疑曰，我乃無兄；倘不能別求得直不疑有兄之確據，則盜嫂問題，已無復討論之餘地也。

然歷史上事實，非皆能如此其簡單而易決。往往有明知其事極不可信，而苦無明確之反證以折之者。吾儕對於此類史料，第一步，只宜消極的發表懷疑態度，以免爲眞相之蔽；第二步，遇有旁生的觸發，則不妨換一方向從事研究，立假說以待後來之再審定。例如舊史言伏羲、女媧皆人首蛇身，神農牛首人身，言蚩尤銅頭鐵額。吾輩今日終無從得直捷反證，確證諸人之身首頭額與吾輩同也；但以情理度之，斷言世界絕無此類生物而已。又如殷之初祖契，周之初祖后稷，舊史皆謂爲帝嚳之子，帝堯之異母弟，同爲帝舜之臣。吾輩今日無從得一反證以明其絕不然也；雖然，據舊史所說，堯在位七十年乃舉舜爲相，舜相堯又二十八年，堯即位必當在嚳崩後；假令契、稷皆嚳遺腹子，至舜即位時亦當皆百歲，安得復任事？且堯有此聖弟而不知，又何以爲堯？且據《詩經》所載殷人之頌契也曰：「天命玄鳥，降而生商」；周人之頌稷也曰：「厥初生民，時維姜嫄」；彼二詩者皆所以鋪張祖德，倘稷、契則系出帝嚳，豈有不引以爲重之理？是故吾儕雖無積極的反證以明稷、契爲別一人之子；然最少亦可以消極的認其非嚳子堯弟也。又如舊史稱周武王崩後，繼立者爲成王，成王尚少，周公攝政。吾輩今日亦無直接之反證以明其不然也；但舊史稱武王九十三而終，藉令武王七十而生成王，則成王即位時已二十三，不可謂幼；七八十得子，生理上雖非必不可能，然實爲稀有；況吾儕據《左傳》，確知成王尚有邘、晉、應、韓之四弟，成王居長嫡，下有諸弟，嗣九十三歲老父之位而猶在沖齡，豈合情理？且猶有極不可解者，《書經．康誥》一篇，爲康叔封衛時之策命，其發端云：「王若曰，孟侯，朕其弟，小子封！」此所謂「王」者誰耶？謂武王耶？衛之建國，確非在武王時；謂成王耶？康叔爲成王叔父，何得稱爲弟而呼以小子？然則繼武王而踐祚者，是否爲成王？周公是否攝政抑更有進於攝政？吾儕不能不大疑。

懷疑之結果，而新理解出焉。前段所舉第一例——人首蛇身等等，吾儕既推定其必無是理。然則何故有此等傳說耶？吾儕可以立一假說，謂伏羲、神農等皆神話的人物，非歷史的人物。凡野蠻時代之人，對於幻境與實境之辨，常不明瞭；故無論何族最初之古史，其人物皆含有半神半人的性質。然則吾儕可以假定羲農諸帝實古代吾族所祀之神；人首蛇身等，即其幻想中之神像：而緣幻實不分之故，口碑相傳，確以爲曾有如此形象之人。指爲眞，固非眞；指爲僞，亦確非有人故爲作僞也。如所舉第二例——稷、契既絕非嚳子，又不能知其爲何人之子，漢儒且有「聖人無父，感天而生」之說，然則稷、契果無父耶？吾儕可以立一假說，謂稷、契亦有父亦無父，彼輩皆母系時代人物，非父系時代人物。吾儕聞近代歐美社會學家言，已知社會進化階級，或先有母系然後有父系；知古代往往一部落之男子爲他部落女子所公有，一部落之女子爲他部落男子所公有，在彼時代，其人固宜「知有母不知有父」，非不欲知，無從知也。契只知其爲簡狄之子耳，稷只知其爲姜嫄之子耳，父爲誰氏，則無稽焉；於是乎有「呑鳥卵而生」、「履大人迹而生」之種種神話。降及後世父系時代，其子孫以無父爲可恥，求其父而不得，則借一古帝以自重，此謈子之說所由起也。亦有既求父不得，即不復求，轉而托「感天」以自重，殊不知古代之無父感天者不必聖人，蓋盡人莫不然也。如所舉第三例——成王若繼武王而立，其年絕非幼，無須攝政；衛康叔受封時，其王又確非康叔之侄，而爲康叔之兄。吾儕於是可以立一假說，謂繼武王而立者乃周公而非成王；其時所行者乃兄終弟及制，非傳子立嫡制。吾儕已知殷代諸王，兄弟相及者過半，周初沿襲殷制，亦情理之常。況以《史記．魯世家》校之，其兄終弟及者亦正不少。然則周公或當然繼武王而立，而後此之「復子明辟」，乃其特創之新制，蓋未可知耳。以上諸例，原不過姑作假說，殊不敢認爲定論；然而不失爲一種新理解，則昭然矣。然則吾儕今日能發生種種新理解，而古人不能者，何故耶？古人爲幻覺所蔽而已。生息於後世家族整嚴之社會中，以爲知母不知父，惟禽獸爲然，稷、契之聖母，安有此事？生息於後世天澤名分之社會中，以奪嫡爲篡逆，謂周公子大聖，豈容以此相汙？是以數千年，非唯無人敢倡此說，並無人敢作此念，其有按諸史蹟而矛盾不可通者，寧枉棄事實以迂迴傅會之而已。吾儕生當今日，有種種「離經叛道」之社會進化說以變易吾腦識，吾於是乃敢於懷疑，乃敢於立假說。假說既立，經幾番歸納的研究之後，而假說竟變爲定案，亦意中事耳。然則此類之懷疑，此類之研究，在學問上爲有用耶，爲無用耶？吾敢斷言曰有用也。就表面論，以數千年三五陳死人年齡關係爲研究之出發點，刺刺考證，與現代生活風馬牛不相及，毋乃玩物喪志？殊不知苟能由此而得一定案，則消極方面，最少可以將多年來經學家之傅會的聚訟一掃而空，省卻人無限精力；積極方面，最少可以將社會學上所提出社會組織進化階段之假說，加一種有力的證明。信能如是，則其貢獻於學界不已多耶？

同一史蹟，而史料矛盾，當何所適從耶？論原則，自當以最先最近者爲最可信。先者以時代言，謂距史蹟發生時愈近者，其所製成傳留之史料愈可信也。近者以地方言，亦以人的關係言，謂距史蹟發生地愈近，且記述之人與本史蹟關係愈深者，則其所言愈可信也。例如此次歐戰史料，百年後人所記者，不如現時人所記者之詳確；現時人所記者，又不如五年前人所記之詳確；此先後之說也。同是五年前人，中國人所記，必不如歐洲人；歐洲普通人所記，必不如從軍新聞記者；新聞記者所記，必不如在營之軍士；同是在營軍士，僅聽號令之小卒所記，必不如指揮戰事之將校；同是將校，專擔任一戰線之裨將所記，必不如綜覽全局之總參謀；此遠近之說也。是故凡有當時當地當局之人所留下之史料，吾儕應認爲第一等史料。例如一八七六年之普奧戰爭，兩國事後皆在總參謀部妙選人才編成戰史，此第一等史料也。欲知十九世紀末歐洲外交界之內幕，則俾斯麥日記其第一等史料也。欲知盧梭、科爾璞特金之事迹及其感想，彼所作《自傳》或《懺悔錄》，其第一等史料也。如司馬遷之《自序》，王充之《自紀》，法顯、玄奘、義淨等之遊記或自傳，此考證各本人之事迹思想或其所遊地當時狀態之第一等史料也。（注一）如辛棄疾《南燼紀聞錄》、《竊憤錄》所採阿計替筆記，此考證宋徽、欽二宗在北庭受辱情狀之第一等史料也。（注二）如李秀成被俘時之供狀，此考證洪楊內部情狀之第一等史料也。（注三）此類史料，無論在何國，皆不易多得，年代愈遠，則其流傳愈稀。苟有一焉，則史家宜視爲瑰寶。彼其本身，饒有陵蓋他種史料之權威；他種史料有與彼矛盾者，可據彼以正之也。

前段所論，不過舉其概括的原則，以示鑑別之大略標準。但此原則之應用，有時尙須分別觀之。試仍借此次歐戰史料爲例：若專以時代接近程度定史料價值之高下，則今日已在戰後兩三年，其所編集自不如戰時出版物之尤爲接近，宜若彼優於此。然而實際上殊不爾。當時所記，不過斷片的史蹟，全不能覷出其聯絡關係。凡事物之時間的聯絡關係，往往非俟時間完全經過之後不能比勘而得。故完美可觀之戰史，不出在戰時而在戰後也。若以事局接近程度定價值之高下，則觀戰新聞記者所編述，自應不如軍中人，一般著作家所編述，自應不如觀戰之新聞記者，然實際上亦未必盡然。蓋局中人爲劇烈之感情所蔽，極易失其眞相。即不爾者，或纏綿於枝葉事項，而對於史蹟全體，反不能得要領，所謂「不識廬山眞面目，只緣身在此山中」也。又不特局中者爲然也；即在局外者，猶當視其人提挈觀察之能力如何，視其人串敘描寫之技術如何，而其作品之價值，相去可以懸絕焉。是故以戰史論，若得一文學技術極優長之專門大史家而又精通軍事學者在總司令部中爲總書記，對於一戰役始終其事（最好能兼爲兩軍總司令之總書記，）則其所記述者，自然爲史料之無上上品。然而具備此條件者則安能得？既已不能，則戰場上一尋常軍士所記，或不如做壁上觀之一有常識的新聞記者；奔走戰線僅有常識之一新聞記者，其所記，或不如安坐室中參稽戰報之一專門史學家也。

最先最近之史料則最可信，此固原則也。然若過信此原則，有時亦可以陷於大誤。試舉吾經歷之兩小事爲例：㈠明末大探險家大地理學者徐霞客，卒後其摯友某爲之作墓志，宜若最可信矣。一日吾與吾友丁文江談及霞客，吾謂其曾到西藏，友謂否；吾舉墓銘文爲證，友請檢《霞客遊記》共讀，乃各霞客雖有遊藏之志，因病不果，從麗江折歸，越年餘而逝。吾固悔吾前此讀《遊記》之粗心；然爲彼銘墓之摯友，粗心乃更過我，則眞可異也。㈡玄奘者，我國留學生宗匠而思想界一鉅子也；吾因欲研究其一生學業進步之迹，乃發心爲之作年譜。吾所憑借之資料甚富，合計殆不下二十餘種，而其最重要者，一爲道宣之《續高僧傳》，二爲慧立之《慈恩法師傳》，二人皆奘之親受業弟子，爲其師作傳，正吾所謂第一等史料也。乃吾研究愈進，而愈感困難，兩傳中矛盾之點甚多，或甲誤，或乙誤，或甲乙俱誤。吾列舉若干問題，欲一一悉求其眞，有略已解決者，有卒未能解決者。試舉吾所認爲略已解決之一事，借此以示吾研究之徑路：——玄奘留學凡十七年，此既定之事實也；其歸國在貞觀十九年正月，此又既定之事實也。然則其初出遊果在何年乎？自兩傳以及其他有關係之資料，皆云貞觀三年八月，咸無異辭。吾則因懷疑而研究，研究之結果，考定爲貞觀元年。吾曷爲忽對於三年說而起懷疑耶？三年至十九年，恰爲十七個年頭，本無甚可疑也；吾因讀《慈恩傳》，見奘在于闐所上表中有「貞觀三年出遊今已十七年」[4]等語；上表年月《傳》雖失載，然循按上下文，確知其在貞觀十八年春夏之交；吾忽覺此語有矛盾。此爲吾懷疑之出發點。從貞觀十八年上溯，所謂十七年者，若作十七個年頭解，其出遊時可云在貞觀二年；若作滿十七年解，則應爲貞觀元年，吾於是姑立元年二年之兩種假說以從事研究。吾乃將《慈恩傳》中所記行程及各地淹留歲月詳細調查。覺奘自初長安以迄歸達于闐，最少亦須滿十六年有半之時日，乃敷分配；吾於是漸棄其二年之假說而傾向於元年之假說。雖然，現存數十種資料皆云三年，僅恃此區區之反證而臆改之，非學者態度所宜出也。然吾不忍棄吾之假說，吾仍努力前進。吾已知奘之出遊爲冒禁越境；然冒禁何以能無阻？吾查《續高僧傳》本傳，見有「會貞觀三年，時遭霜儉，下敕道俗，隨豐四出」數語；吾因此知奘之出境，乃攙在饑民隊中，而其年之饑，實因霜災。吾乃亟查貞觀三年是否有霜災，取《新》、《舊唐書・太宗紀》閱之，確無是事。於是三年說已消極的得一有力之反證。再查元年，則《新書》云：「八月，河南隴右邊州霜」，又云：「十月丁酉，以歲饑減膳」，《舊書》云：「八月……關東及河南隴右沿邊諸州霜害秋稼」，又云：「是歲關中饑，至有鬻男女者」，是元年確的饑荒，而成災又確由霜害，於是吾之元年說，忽積極的得一極有力之正證矣。惟《舊書》於二年復有「八月河南河北大霜人饑」[5]一語，《新書》則無有；不知爲《舊書》誤複耶？抑兩年連遭霜災而

4 此乃撮述語。

5 「八月」下有刪略。

《新書》於二年有闕文耶？如是則二年之假說，仍有存立之餘地。吾決意再覓證據以決此疑。吾乃研究奘途中所遇之人，其名之可考見者凡三，一曰涼州都督李大亮，二曰高昌王麴文泰，三曰西突厥可汗葉護。吾查〈大亮傳〉及〈高昌傳〉，見二人皆自元年至四年在其位，不成問題。及查《西突厥傳》，乃忽有意外之獲：兩《書》皆言葉護於貞觀初被其叔所弒，其叔僭立，稱俟毗可汗，然皆未著其被弒在何年。惟《新書》云：「貞觀四年俟毗可汗來請昏，太宗詔曰，突厥方亂，何以昏爲」6，是葉護被弒，最晚亦當在貞觀三年前。再按《慈恩傳》所紀奘行程，若果以貞觀三年八月發長安者，則當以四年五月初乃抵突厥，其時之可汗，已爲俟毗而非葉護矣。於是三年說之不能成立，又得一強有力之反證。吾猶不滿足，必欲得葉護被弒確年以爲快，吾查《資治通鑑》，得之矣！貞觀二年也！吾固知《通鑑》必有所本，然終以不得之於正史，未能躊躇滿志，吾發憤取《新》、《舊唐書》諸蠻夷傳凡與突厥有關係之國遍繙之，卒乃在《新書·薛延陀傳》得一條云：「值貞觀二年突厥葉護可汗見弒」7，於是葉護弒年無問題矣。玄奘之行，既假霜災，則無論爲元年爲二年爲三年，皆以八月後首途，蓋無可疑；然則非惟三年說不能成立，即二年說亦不能成立。何則？二年八月後首途，必三年五月乃抵突厥，即已不及見葉護也。吾至是

6 「來」字原無，「請昏」下原有「不許」二字，「太宗」二字原無，「方亂」後刪去一句，「何以」原作「何遽」。

7 原文作「貞觀二年葉護死。」

乃大樂，自覺吾之懷疑有效，吾之研究不虛，吾所立「玄奘貞觀元年首途留學」之假說，殆成鐵案矣！其有小小不可解者，則何以諸書皆同出一轍，竟無歧異？然此亦易解，諸書所採，同一藍本，藍本誤則悉隨之而誤矣。再問藍本何故誤？則或因逆溯十七個年頭，偶未細思，致有此失；甚至或爲傳寫之訛，亦未可知也。再問十八年玄奘自上之表文何以亦誤？則或後人據他書校改，亦在情理中耳。吾爲此問題，凡費三日之力，其所得結果如此。——吾知讀者必生厭矣。此本一極瑣末之問題，區區一事件三兩年之出入，非惟在全部歷史中無關宏旨，即在玄奘本傳中亦無關宏旨。吾自治此，已不免玩物喪志之誚；乃復縷述千餘言以濫占本書之篇幅，吾不能不向讀者告罪。雖然，吾著本篇之宗旨，凡務舉例以明義而已。吾今詳述此一例，將告者以讀書曷爲而不可以盲從；雖以第一等史料如慧立、道宣之傳玄奘者，其誤謬猶且如是也；其勞吾儕以鑑別猶且如是也。又將告讀者以治學當如何大無畏；雖以數十種書萬口同聲所持之說，苟不愜於吾心，不妨持異同，但能得有完證，則絕無憑借之新說，固自可以成立也。吾又以爲善治學者，不應以問題之大小而起差別觀。問題有大小，研究一問題之精神無大小。學以求眞而已，大固當眞，小亦當眞。一問題不入吾手則已，一入吾手，必鄭重忠實以赴之。夫大小豈有絕對標準，小者輕輕放過，寖假而大者亦輕輕放過，則研究精神替矣。吾又以爲學者而誠欲以學餉人，則宜勿徒餉以自己研究所得之結果，而當兼餉以自己何以能研究得此結果之途徑及其進行次第；夫然後所餉者乃爲有源之水而挹之不竭也。吾誠不敢自信爲善於研究，但本篇既以研究法命名，吾竊思宜擇一機會，將吾自己研究所歷之甘苦，委曲傳出，未嘗不可以爲學者之一助。吾故於此處選此一小問題可以用千餘言說明無遺者，詳述吾思路所從入，與夫考證所取資，以瀆讀者之清聽。吾研究此問題所得結果雖甚微末，然不得不謂為甚良。其所用研究法，純為前清乾嘉諸老之嚴格的考證法，亦即近代科學家所應用之歸納研究法也。讀者舉一反三，則任研究若何大問題，其精神皆若是而已。吾此一段，乃與吾全書行文體例不相應；讀者恕我！吾今當循吾故軌，不更為此喋喋矣。

史料可分為直接的史料與間接的史料。直接的史料者，其史料當該史蹟發生時或其稍後時，即已成立。如前所述《慈恩傳》、《竊憤錄》之類皆是也。此類史料，難得而可貴，吾既言之矣。然欲其多數永存，在勢實有所不能。書籍新陳代謝，本屬一般公例，而史部書之容易湮廢，尤有其特別原因焉：㈠所記事實，每易觸時主之忌。故秦焚書而「諸侯史記」受禍最烈；試檢明清兩朝之禁燬書目，什有九皆史部也。㈡此類書真有價值者本不多，或太瑣碎，或涉虛誕，因此不為世所重，容易失傳；不惟本書間有精要處，因雜糅於粗惡材料中而湮沒，而且凡與彼同性質之書，亦往往被同視而俱湮沒。㈢其書愈精要者，其所敘述愈為局部的；凡局部的緻密研究，非專門家無此興味；一般人對於此類書籍，輒淡漠置之，任其流失。以此種種原因，故此類直接史料，如浪淘沙，滔滔代盡，勢不能以多存。就令存者甚多，又豈人生精力所能遍讀？於是乎在史學界占最要之位置者，實為間接的史料。間接的史料者，例如左丘以百二十國寶書為資料而作《國語》，司馬遷以《國語》、《世本》、《戰國策》……等書為資料而作《史記》。《國語》、《史記》之成立，與其書中所敘史蹟發生時代距離，或遠至百年千年；彼所述者，皆以其所見之直接史料為藍本，今則彼所見者吾儕已大半不復得見；故謂之間接。譬諸紡績，直接史料則其原料之棉團，間接史料則其粗製品之紗線也。吾儕無論爲讀史爲作史，其所接觸者多屬間接史料；故鑑別此種史料方法，爲當面最切要之一問題。

鑑別間接史料，其第一步自當仍以年代爲標準。年代愈早者，則其可信據之程度愈強。何則？彼所見之直接史料多，而後人所見者少也。例如研究三代以前史蹟，吾儕應信司馬遷之《史記》，而不信譙周之《古史考》、皇甫謐之《帝王世紀》、羅泌之《路史》。何則？吾儕推斷譙周、皇甫謐、羅泌所見直接史料，不能出司馬遷所見者以外；遷所不知者，周等何由知之也？是故彼諸書與《史記》有異同者，吾儕宜引《史記》以駁正諸書，反之若《竹書紀年》與《史記》有異同，吾儕可以引《紀年》以駁正《史記》。何則？魏史官所見之直接原料，或多爲遷之所不及見也。此最簡單之鑑別標準也。

雖然，適用此標準，尙應有種種例外焉。有極可貴之史料而晚出或再現者，則其史料遂爲後人所及見，而爲前人所不及見。何謂晚出者？例如德皇威廉第二與俄皇尼古拉第二來往私函數十通，研究十九世紀末外交史之極好史料也；然一九二〇年以前之人不及見，以後之人乃得見之。例如《元史》修自明初，豈非時代極早？然吾儕寧信任五百年後魏源或柯劭忞之《新元史》，而不信任宋濂等之舊《元史》。何則？吾儕所認爲元代重要史料如《元秘史》、《親征錄》……等書，魏、柯輩得見，而明初史館諸人不得見也。何謂再現者？例如羅馬之福林，邦渒之古城，埋沒土中二千年，近乃發現；故十九世紀末人所著羅馬史其可信任之程度，乃過於千年前人所著也。例如殷墟甲文，近乃出土，吾儕因此得知殷代有兩古王爲《史記·三代世表》所失載者，蓋此史料爲吾儕所見，而爲司馬遷所不得見也。

不特此也，又當察其人史德何如，又當察其人史識何如，又當察其人所處地位何如。所謂史德者：著者品格劣下，則其所記載者宜格外慎察。魏收《魏書》，雖時代極近，然吾儕對於彼之信任，斷不能如信任司馬遷、班固也。所謂地位者：一事件之眞相，有時在近時代不能盡情宣佈，在遠時代乃能之。例如陳壽時代，早於范曄；然記漢、魏易代事，曄反視壽爲可信；蓋二人所及見之直接史料，本略相等；而壽書所不能昌言者，曄書能昌言也。所謂史識者：同是一直接史料，而去取別擇之能力，存乎其人。假使劉知幾自著一史，必非李延壽、令狐德棻輩所能及；元人修《宋史》，清人修《明史》，同爲在異族之朝編前代之史，然以萬斯同史稿作藍本所成之《明史》，絕非脫脫輩監修之《宋史》所能及也。要而論之，吾儕讀史作史，既不能不乞靈於間接的史料，則對於某時代某部門之史料，自應先擇定一兩種價値較高之著述以作研究基本。選擇之法，合上列數種標準以衡之，庶無大過。至於書中所敘史實，則任何名著，總不免有一部分不實不盡之處。質言之，則無論何項史料，皆須打幾分折頭。吾儕宜刻刻用懷疑精神喚起注意，而努力以施忠實之研究，則眞相庶可次第呈露也。

右論正誤的鑑別法竟。——次論辨僞的鑑別法。

辨僞法先辨僞書，次辨僞事。

僞書者，其書全部分或一部分純屬後人僞作，而以托諸古人也。例如現存之《本草》號稱神農作，《素問內經》號稱黃帝作，《周禮》號稱周公作，《六韜》、《陰符》號稱太公作，《管子》號稱管仲作，……假使此諸書而悉眞者，則吾國歷史便成一怪物。蓋社會進化說全不適用，而原因結果之理法亦將破壞也。文字未興時代之神農，已能作《本草》，是謂無因；《本草》出現後若干千年，而醫學藥學上更無他表見，是謂無果。無因無果，是無進化。如是，則吾儕治史學爲徒勞。是故苟無鑑別僞書之識力，不惟不能忠實於史蹟，必至令自己之思想途徑，大起混亂也。

書愈古者，僞品愈多。大抵戰國秦漢之交有一大批僞書出現，《漢書·藝文志》所載三代以前書，僞者殆不少。新莽時復有一大批出現，如《周禮》及其他古文經皆是。晉時復有一大批出現，如晚出《古文尙書》、《孔子家語》、《孔叢子》等。其他各時代零碎僞品亦尙不少，且有僞中出僞者，如今本《鬼谷子》、《鶡冠子》等。莽、晉兩朝，劉歆、王肅作僞老手，其作僞之動機及所作僞品，前清學者多已言之，今不贅引。戰國秦漢間所以多僞書者，㈠因當時學者，本有好「托古」的風氣；己所主張，恆引古人以自重。（說詳下。）本非有意捏造一書，指爲古人所作；而後人讀之，則幾與僞托無異。㈡因當時著述家，本未嘗標立一定之書名；且亦少泐成定本。展轉傳抄，或合數種而漫題一名，或因書中多涉及某人，即指爲某人所作。㈢因經秦焚以後，漢初朝野人士，皆汲汲以求遺書爲務。獻書者往往剿抄舊籍，托爲古代某名人所作以售炫。前兩項爲戰國末多僞書之原因，後一項爲漢初多僞書之原因。

僞書有經前人考定已成鐵案者，吾儕宜具知之，否則徵引考證，徒費精神。例如今本《尙書》有〈胤征〉一篇，載有夏仲康時日食事：近數十年來，成爲歐洲學界一問題。異說紛爭，殆將十數，致勞漢學專門家天文學專門家合著專書以討論。（注四）殊不知〈胤征〉篇純屬東晉晚出之僞古文，經清儒閻若璩、惠棟輩考證，久成定讞；仲康其人之有無，且未可知，遑論其時之史蹟？歐人不知此椿公案，至今猶刺刺論難，由吾儕觀之，可笑亦可憐也。欲知此類僞書，略翻清《四庫書目提要》，便可得梗概，《提要》中指爲眞者未必遂眞，指爲僞者大抵必僞，此學者應有之常識也。

然而僞書孔多，現所考定者什僅二三耳；此外古書或全部皆僞或眞僞雜糅者，尚不知凡幾。吾儕宜拈出若干條鑑別僞書之公例，作自己研究標準焉。

一、其書前代從未著錄或絕無人徵引而忽然出現者，什有九皆僞。例如「《三墳》、《五典》、〈八索〉、〈九丘〉」之名，雖見《左傳》；「晉《乘》、楚《檮杌》」之名，雖見《孟子》；然漢隋唐《藝文》、《經籍》諸志從未著錄，司馬遷以下未嘗有一人徵引。可想見古代或並未嘗有此書，即有之，亦必秦火前後早已亡佚。而明人所刻《古逸史》，忽有所謂《三墳記》、《晉史乘》、《楚史檮杌》等書。凡此類書，殆可以不必調查內容，但問名即可知其僞。

二、其書雖前代有著錄，然久經散佚；乃忽有一異本突出，篇數及內容等與舊本完全不同者，什有九皆僞。例如最近忽發現明抄本《愼子》一種，與今行之四庫本守山閣本全異；與《隋》、《唐志》、《崇文總目》、《直齋書錄解題》等所記篇數，無一相符。其流傳之緒又絕無可考。吾儕乍睹此類書目，便應懷疑。再一檢閱內容，則可定爲明人僞作也。（注五）

三、其書不問有無舊本，但今本來歷不明者，即不可輕信。例如漢河內女子所得《泰誓》，晉梅賾所上《古文尚書》及《孔安國傳》，皆因來歷曖昧，故後人得懷疑而考定其僞。又如今本《列子》八篇，據張湛序言由數本拼成，而數本皆出湛戚屬之家，可證當時社會絕無此書，則吾輩不能不致疑。

四、其書流傳之緒，從他方面可以考見，而因以證明今本題某人舊撰爲不確者。例如《神農本草》、《漢書·藝文志》無其目，知劉向時絕未有此書。再檢《隋書·經籍志》以後諸書目，及其他史傳，則知此書殆與蔡邕、吳普、陶弘景諸人有甚深之關係，直至宋代然後規模大具。質言之，則此書殆經千年間許多人心力所集成，但其書不惟非出神農，即西漢以前人，參預者尚極少，殆可斷言也。（注六）

五、眞書原本，經前人稱引，確有佐證，而今本與之歧異者，則今本必僞。例如古本《竹書紀年》有夏啓殺伯益、商太甲殺伊尹等事；又其書不及夏禹以前事。此皆原書初出土時諸人所新見信而有徵者。（注七）而今本記伯益、伊尹等文，全與彼相反，其年代又托始於黃帝。故知絕非汲冢之舊也。

六、其書題某人撰，而書中所載事迹在本人後者，則其書或全僞或一部分僞。例如《越絕書》、《隋志》始著錄，題子貢撰；然其書既未見《漢志》，且書中敘及漢以後建置沿革；故知其書不惟非子貢撰，且並非漢時所有也。又如《管子》、《商君書》、《漢志》皆著錄，題管仲、商鞅撰；然兩書各皆記管商死後之人名與事迹；故知兩書絕非管、商自撰；即非全僞，最少亦有一部分羼亂也。

七、其書雖眞，然一部分經後人竄亂之迹既確鑿有據，則對於其書之全體須愼加鑑別。例如《史記》爲司馬遷撰，固毫無疑義；然遷〈自序〉明言「訖於麟止」8，今本不惟有太初、天漢以後事，且有宣、元、成以後事，其必非盡爲遷原文甚明。此部分既有竄亂，則他部分又安敢保必無竄亂耶？（注八）

八、書史所言確與事實相反者，則其書必僞。例如今《道藏》中有劉向撰《列仙傳》，其書《隋志》已著錄。書中言諸仙之荒誕，固不俟辯。其自序云，「七十四人已見佛經」，佛經至後漢桓、靈時始有譯本，上距劉向之沒，將二百年，向何從知有佛經耶？即據此一語，而全書之僞，已無遁形。

九、兩書同載一事絕對矛盾者，則必有一僞或兩俱僞。例如《涅槃經》佛說云：「從今日始，不聽弟子食肉」；《入楞伽經》佛說云：「我於《象腋》、《央掘魔》、《涅槃》、《大雲》等一切修多羅中，不聽食肉。」《涅槃經》共認爲佛臨滅度前數小時間所說，既《象腋》等經有此義，何得云「從今日始」？且《涅槃》既佛最後所說經，《入楞伽》何得引之？是《涅槃》、《楞伽》，最少必有一僞，或兩俱僞也。

以上九例，皆據具體的反證而施鑑別也。尚有可以據抽象反證而施鑑別者：

---

8 「訖」原作「至」

十、各時代之文體，蓋有天然界劃，多讀書者自能知之。故後人僞作之書，有不必從字句求枝葉之反證，但一望文體即能斷其僞者。例如東晉晚出《古文尚書》，比諸今文之《周誥》、《殷盤》，截然殊體。故知其絕非三代以上之文。又如今本《關尹子》中有「譬犀望月，月影入角，特因識生，故有月形，而彼眞月，初不在角」[9]等語，此種純是晉唐繙譯佛經文體，絕非秦漢以前所有，一望即知。

十一、各時代之社會狀態，吾儕據各方面之資料，總可以推見崖略。若某書中所言其時代之狀態，與情理相去懸絕者，即可斷爲僞。例如《漢書．藝文志》農家有《神農》二十篇，自注云：「六國時諸子托諸神農。」[10]此書今雖不傳，然《漢書．食貨志》稱晁錯引神農之教云：「有石城十仞湯池百步帶甲百萬而亡粟，弗能守也。」此殆晁錯所見《神農》書之原文。然石城湯池帶甲百萬等等情狀，絕非神農時代所能有。故劉向、班固指爲六國人僞托，非武斷也。

十二、各時代之思想，其進化階段，自有一定。若某書中所表現之思想與其時代不相銜接者，即可斷爲僞。例如今本《管子》，有「寢兵之說勝則險阻不守，兼愛之說勝則士卒不戰」等語。此明是墨翟、宋銒以後之思想；當管仲時，并寢兵兼愛等學說尚未有，何所用其批評反對者？《素問》、《靈樞》中言陰陽五行，明是鄒衍以後之思想；黃帝時安得有此耶？（注九）

---

9 「故」原作「始」。
10 「諸子」下有刪略。

以上十二例，其於鑑別僞書之法，雖未敢云備；循此以推，所失不遠矣。一面又可以應用各種方法，以證明某書之必眞：

一、例如《詩經》：「十月之交，朔日辛卯，日有食之，亦孔之丑。」經六朝唐元清諸儒推算，知周幽王六年十月辛卯朔確有日食。中外曆對照，應爲西紀前七七六年，歐洲學者亦考定其年陽曆八月二十九日中國北部確見日食。與前所舉〈胤征篇〉日食異說紛紜者正相反。因此可證《詩經》必爲眞書，其全部史料皆可信。

二、與此同例者，如《春秋》所記「桓公三年秋七月壬辰朔日食」，「宣公八年秋七月甲子日食」。據歐洲學者所推算，前者當紀前七〇九年七日十七日，後者當紀前六〇一年九月二十日，今山東兗州府確見日食。因此可證當時魯史官記事甚正確；而《春秋》一書，除孔子寓意褒貶所用筆法外，其所依魯史原文，皆極可信。

三、更有略同樣之例，如《尙書．堯典》所記中星，「仲春日中星昴仲夏日中星火」[11]等，據日本天文者所研究，西紀前二千四五百年時確是如此。因此可證〈堯典〉最少應有一部分爲堯舜時代之眞書。

四、書有從一方面可認爲僞，從他方面可認爲眞者。例如現存十三篇之《孫子》，舊題春

11 原文作「日中星鳥，以殷仲春」，「日永星火，以正仲夏」。

秋時吳之孫武撰。吾儕據其書之文體及其內容，確不能信其爲春秋時書。雖然，若謂出自秦漢以後，則文體及其內容亦都不類。《漢書．藝文志》兵家本有《吳孫子》、《齊孫子》之兩種，「吳孫子」則春秋時之孫武，「齊孫子」則戰國時之孫臏也。此書若指爲孫武作，則可決其僞，若指爲孫臏作，亦可謂之眞。此外如《管子》、《商君書》等，性質亦略同。若指定爲管仲、商鞅所作則必僞；然其書中大部分要皆出戰國人手。若據以考戰國末年思想及社會情狀，固絕佳的史料也。乃至《周禮》謂爲周公作固僞，若據以考戰國秦漢間思想制度，亦絕佳的史料也。

五、有書中某事項，常人共指斥以證其書之僞，吾儕反因此以證其書之眞者。例如前所述《竹書紀年》中「啓殺益，太甲殺伊尹」兩事，後人因習聞《孟子》、《史記》之說，驟睹此則大駭。殊不思孟子不過與魏安釐王時史官同時，而孟子不在史職，聞見本不逮史官之確。司馬遷又不見秦所焚之諸侯史記，其記述不過踵孟子而已；何足據以難《竹書》？而論者或因此疑《竹書》之全僞；殊不知凡作僞者必投合時代心理，經漢魏儒者鼓吹以後，伯益、伊尹輩早已如神聖不可侵犯，安有晉時作僞書之人乃肯立此等異說以資人集矢者？實則以情理論，伯益、伊尹既非超人的異類，逼位謀篡，何足爲奇？啓及太甲爲自衛計而殺之，亦意中事。故吾儕寧認《竹書》所記爲較合於古代社會狀況。《竹書》既有此等記載，適足證其不僞；而今本《竹書》削去之，則反足證其僞也。又如孟子因武、成「血流漂杵」之文，乃嘆「盡信書不如無書」[12]謂「以至仁伐至不仁」，不應如此。推孟子之意，則《逸周書》中〈克殷〉、〈世俘〉諸篇，益爲僞作無疑。其實孟子理想中的「仁義之師」，本爲歷史上不能發生之事實。而《逸周書》敘周武王殘暴之狀，或反爲眞相，吾儕所以信《逸周書》之不僞，乃正以此也。

六、無極強之反證足以判定某書爲僞者，吾儕只得暫認爲眞。例如《山海經》、《穆天子傳》，以吾前所舉十二例繩之，無一適用者。故其書雖詭異，不宜憑武斷以吐棄之。或反爲極可寶之史料，亦未可知也。

以上論鑑別僞書之方法竟，次當論鑑別僞事之方法。

僞事與僞書異，僞書中有眞事，眞書中有僞事也。事之僞者與誤者又異，誤者無意失誤，僞者有意虛構也。今請舉僞事之種類：

一、其史蹟本爲作僞的性質，史家明知其僞而因仍以書之者。如漢魏六朝篡禪之際種種作態，即其例也。史家記載，或仍其僞相，如陳壽；或揭其眞相，如范曄。試列數則資比較：

12　「不如」上原有「則」字。

（《魏志·武帝紀》）	（《後漢書·獻帝紀》）
天子以公領冀州牧。	曹操自領冀州牧。
漢罷三公官，置丞相，以公為丞相。	曹操自為丞相。
天子使郗慮策命公為魏公，加九錫。	曹操自立為魏公，加九錫。
漢帝以眾望在魏，乃召群公卿士，使張音奉璽綬禪位。[13]	魏王丕稱天子，奉帝為山陽公。

此等僞迹昭彰，雖仍之不甚足以誤人，但以云史德，終不宜爾耳。

二、有虛構僞事而自著書以實之者。此類事在史中殊不多覯。其最著之一例，則隋末有妄人曰王通者，自比孔子，而將一時將相若賀若弼、李密、房玄齡、魏徵、李勣等皆攀認爲其門弟子，乃自作或假手於其子弟以作所謂《文中子》者，歷敘通與諸人問答語，一若實有其事。此種病狂之人，妖誣之書，實人類所罕見。而千年來所謂「河汾道統」者，竟深入大多數俗儒腦中，變爲眞史蹟矣。嗚呼！讀者當知，古今妄人非僅一王通，世所傳墓志家傳行狀之屬，汗牛充棟，其有以異於《文中子》者，恐不過程度問題耳。

13 此條原出《魏志·文帝紀》。

三、有事迹純屬虛構，然已公然取得「第一等史料」之資格，幾令後人無從反證者。例如前清洪楊之役，有所謂賊中謀主洪大全者，據云當發難時，被廣西疆吏擒殺。然吾儕乃甚疑此人爲子虛烏有，恐是當時疆吏冒功，影射洪秀全之名以揑造耳。雖然，既已形諸章奏，登諸實錄，吾儕欲求一完而強之反證，乃極不易得。茲事在今日，不已儼然成爲史實耶？竊計史蹟中類此者亦殊不少。治史者謂宜常以老吏斷獄之態臨之，對於所受理之案牘，斷不能率爾輕爾信。若不能得確證以釋所疑，寧付諸蓋闕而已。

四、有事雖非僞，而言之過當者。子貢云：「紂之不善，不如是之甚也。」莊子云：「兩善必多溢美之言，兩惡必多溢惡之言。」[14]王充云：「俗人好奇；不奇，言不用也。故譽人不增其美，則聞者不快其意；毀人不益其惡，則聽者不愜於心。」是故無論何部分之史，恐「眞迹放大」之弊，皆所不免。《論衡》中〈語增〉、〈儒增〉、〈藝增〉諸篇所舉諸事，皆其例也。況著書者無論若何純潔，終不免有主觀的感情夾雜其間。例如王闓運之《湘軍志》，在理宜認第一等史料者也。試讀郭嵩燾之《湘軍志曾軍篇書後》，則知其不實之處甚多。又如吾二十年前所著《戊戌政變記》，後之作清史者記戊戌事，誰不認爲可貴之史料？然謂所記悉爲信史，吾已不敢自承。何則？感情作用所支配，不免將眞迹放大也。治史者明乎此義，處處打幾分折頭，庶無大

14 據《莊子・人間世》原文，「善」原作「喜」，「兩惡」原作「兩怒」。

過矣。

五、史文什九皆經後代編史者之潤色，故往往多事後增飾之語。例如《左傳．莊二十二年》記陳敬仲卜辭，所謂「有嬀之後，將育於姜，五世其昌，並於正卿，八世之後，莫之與京」等語，苟非田氏篡齊後所記，天下恐無此確中之預言。《襄二十九年》記吳季札適晉，說趙文子、韓宣子、魏獻子，曰：「晉國其萃於三族乎。」苟非三家分晉後所記，恐亦無此確中之預言也。乃至如諸葛亮之隆中對，於後來三國鼎足之局若操券以待。雖曰遠識之人，鑑往知來，非事理所不可能；然如此銖黍不忒，實足深怪。試思當時備亮兩人對談，誰則知者？除非是兩人中之一人有筆記；不然，則兩人中一人事後與人談及，世乃得知耳。事後之言，本質已不能無變；而再加以修史者之文飾。故吾儕對於彼所記，非「打折頭」不可也。

六、有本意並不在述史，不過借古人以寄其理想；故書中所記，乃著者理想中人物之言論行事，並非歷史上人物之言論行事。此種手段，先秦諸子多用之，一時成爲風氣。《孟子》言「有爲神農之言者許行」，此語最得眞相。先秦諸子，蓋最喜以今人而爲古人之言者也。前文述晁錯引「神農之教」，非神農之教，殆許行之徒之教也。豈惟許行，諸子皆然。彼「言必稱堯舜」之孟子，吾儕正可反唇以稽之曰，「有爲堯舜之言者孟軻」也。此外如墨家之於大禹，道家陰陽家之於黃帝，兵家之於太公，法家之於管仲，莫不皆然。愈推重其人，則愈舉己所懷抱之理想以推奉之，而其人之眞面目乃愈淆亂。《韓非子》云：「孔子墨子，俱道堯舜，而取捨不同，皆自謂眞堯舜。堯舜不復生，誰將使定儒墨之誠乎？」[15]是故吾儕對於古代史料，一方面患其太少，一方面又患其太多。貪多而失眞，不如安少而闕疑也已。

人類非機械，故史蹟從未有用「印板文字」的方式，閱時而再見者。而中國著述家所記史蹟，往往不然。例如堯有丹朱，舜必有商均；舜避堯之子於南河，禹必避舜之子於陽城。桀有妹喜，紂必有妲己；桀有酒池，紂必有肉林；桀有傾宮，紂必有瓊室；桀有玉杯，紂必有象箸；桀殺龍逢，紂必殺比干；桀囚湯於夏臺，紂必囚文王於羑里；夏之將亡，太史令終古出奔商，商之將亡，內史向摰必出奔周。此類乃如駢體文之對偶，枝枝相對，葉葉相當。天下安有此情理？又如齊太公誅華士，子產誅鄧析，孔子誅少正卯，三事相去數百年，而其殺人同一目的，同一程序，所殺之人同一性格，乃至其罪名亦幾全同，天下又安有此情理？然則所謂桀紂如何如何者，毋乃僅著述家理想中帝王惡德之標準？所謂殺鄧析、少正卯云云者，毋乃僅某時代之專治家所揑造以爲口實？（鄧析非子產所殺，《左傳》已有反證。）吾儕對於此類史料，最宜謹嚴鑑別，始不致以理想混事實也。

七、有純屬文學的著述，其所述史蹟，純爲寓言；彼固未嘗自謂所說者爲眞事迹也。而愚者刻舟求劍，乃無端惹起史蹟之糾紛。例如《莊子》言「鯤化爲鵬，其大幾萬里」[16]，倘有人認

15 據《韓非子・顯學》，「誰將」原作「將誰」。

16 《莊子・逍遙遊》原文作「鯤……化而為鳥，其名為鵬，鵬之背不知其幾千里也。」

此爲莊周所新發明之物理學，或因此而詆莊周之不解物理學，吾儕必將笑之。何也？周本未嘗與吾儕談物理也。周豈惟未嘗與吾儕談物理，亦未嘗與吾儕談歷史；豈惟周未嘗與吾儕談歷史，古今無數作者亦多未嘗與吾儕談歷史。據〈德充符〉而信歷史上確有兀者王駘曾與仲尼中分魯國，人咸笑之；據〈人間世〉而信歷史上確有列禦寇其人者則比比然，而《列子》八篇，傳誦且與《老》、《莊》埒也。據〈離騷〉而信屈原嘗與巫咸對話，嘗令帝閽開關，人咸笑之；據《九歌》而信堯之二女爲湘君、湘夫人者則比比然也。陶潛作〈桃花源記〉，以寄其烏托邦的理想；而桃源縣竟以此得名，千年莫之改也。石崇作〈王昭君辭〉，謂其出塞時或當如烏孫公主之彈琵琶；而流俗相承，遂以琵琶爲昭君掌故也。吾儕若循此習慣以評騭史料，則漢孔融與曹操書，固嘗言「武王伐紂，以妲己賜周公」，吾儕其將信之也？清黃宗羲與葉方藹書，固嘗言「首陽二老托孤於尚父，乃得三年食薇，顏色不壞」[17]，吾儕其亦將信之也？而不幸現在衆人共信之史蹟，其性質類此者正復不少，夫豈惟關於個人的史蹟爲然耳？凡文士所描寫之京邑、宮室、輿服，以及其他各方面之社會情狀，恐多半應作如是觀也。

以上七例，論僞事之由來，雖不能備，學者可以類推矣。至於吾儕辯證僞事應採之態度，亦略可得言焉：

17 據全祖望〈梨洲先生神道碑文〉，「葉方藹（當做「靄」）」當為「徐元文」，「乃」原作「遂」。

第一，辯證宜勿支離於問題以外。例如《孟子》：「萬章曰：堯以天下與舜有諸？孟子曰：否。……」吾儕讀至此，試掩卷一思，下一句當如何措辭耶？嘻！乃大奇！孟子曰：「天子不能以天下與人。」此如吾問「某甲是否殺某乙」，汝答曰：「否：人不應殺人。」人應否殺人，此爲一問題，某甲曾否殺某乙，此又爲一問題，汝所答非我所問也。萬章續問曰：「然則舜有天下也孰與之？」孟子既主張天下非堯所與，則應別指出與舜之人，抑係舜自取。乃孟子答曰：「天與之。」宇宙間是否有天，天是否能以事物與人，非惟萬章無徵，即孟子亦無徵也。兩造皆無徵，則辯論無所施矣。又如孟子否認百里奚自鬻於秦，然不能舉出反證以抉其僞，乃從奚之智不智賢不賢，作一大段循環論理。諸如此類，皆支離於本問題以外，違反辯證公例，學者所首宜切戒也。

第二，正誤與辨僞，皆貴舉反證。吾既屢言之矣。反證以出於本身者最強有力，所謂以矛陷盾也。例如《漢書・藝文志》云：「武帝末，魯共王壞孔子宅得《古文尚書》，……孔安國獻之，遭巫蠱事，未列於學官。[18]」吾儕即從《漢書》本文，可以證此事之僞。其一，《景十三王傳》云：「魯共王餘以孝景前二年立，……二十八年薨，子安王光嗣。」景帝在位十六年，則共王應薨於武帝即位之第十三年，即元朔年也。（〈王子侯表〉[19]云：「元朔元年安王光嗣」，

18 「宅」後有刪略：「孔安國」之「孔」字原句無。

19 應為「諸侯王表」。

正合。）武帝在位五十四年，則末年安得有共王？其二，孔安國《漢書》無專傳，《史記·孔子世家》云：「安國爲今皇帝博士，蚤卒。」[20]《漢書·兒寬傳》云：「寬詣博士受業，受業孔安國，補廷尉史，廷尉張湯薦之。」[21]考〈百官表〉，湯遷廷尉，在元朔三年；安國爲博士，總應在此年以前。假令其年甫逾二十，則下距巫蠱禍作時，已過五十；安得云蚤卒？既已蚤卒，安得獻書於巫蠱之年耶？然則此事與本書中他篇之文，處處衝突。王充云：「不得二全，則必一非。」（《論衡·語增篇》。）既無法以證明他篇之爲僞，則《藝文志》所記此二事，必僞無疑也。

第三，僞事之反證，以能得「直接史料」爲最上。例如魚豢《魏略》謂「諸葛亮先見劉備，備以其年少輕之。亮說以荊州人少，當令客戶皆著籍以益衆。備由此知亮。」[22]陳壽《三國志》則云：「先主詣亮，凡三往乃見。」[23]豢與壽時代略相當，二說果孰可信耶？吾儕今已得最有力

20 「博士」後有刪略。

21 「寬」句「寬」與「受業」字原無，「安國」下有刪略，「史」前原有「文學卒」三字，此下有刪略，末句乃撮述語。

22 此段文字乃撮述語。

23 「詣」前原有「遂」字。

之證據：則亮〈出師表〉云：「先帝不以臣卑鄙，三顧臣於草廬之中。」[24]苟吾儕不能證明〈出師表〉之爲僞作，又不能證明亮之好妄語，則可決言備先見亮，非亮先見備也。又如《唐書・玄奘傳》稱奘卒年五十七，〈玄奘塔銘〉則云六十九，此兩說孰可信耶？吾儕亦得最有力之證據：則奘嘗於顯慶二年九月二十日上表，中有「六十之年颯焉已至」二語，則奘壽必在六十外既無疑。而顯慶二年下距奘卒時之麟德元年尚九年，又足爲〈塔銘〉不誤之正證也。凡此皆以本人自身所留下之史料爲證據，此絕對不可抗之權威也。又如《魏略》云：「劉備在小沛生子禪，後因曹公來伐出奔，禪時年數歲，隨人入漢中，有劉括者養以爲子。……」[25]欲證此事之僞，則後主（禪）即位之明年，諸葛亮領益州牧，與主簿杜微書曰，「朝廷今年十八」[26]，知後主確以十七歲即位，若生於小沛，則時已三十餘歲矣。此史料雖非禪親自留下，然出於與彼關係極深之諸葛亮，其權威亦相等也。又如《論衡》辨淮南王安之非升仙，云「安坐反而死，天下共聞」[27]。安與司馬遷正同時，《史記》敘其反狀死狀，始末悉備。故遷所記述，其權威亦不可抗也。右所舉四例，其第一第二兩例，由當事人自舉出反證；第三例由關係人舉出反證；第四例由在旁知狀之

24　「卑鄙」後刪去一句。
25　此段文字乃撮述語。
26　「朝廷」下原有「主公」二字，「今年」下原有「始」字。
27　據《論衡・道虛》，「共聞」原作「并聞」。

見證人舉出反證。皆反證之最有力者也。

第四，能得此種強有力之反證，則眞僞殆可一言而決。雖然，事儕所見之史料，不能事事皆如此完備。例如《孟子》中，萬章問孔子在衛是否主癰疽，孟子答以「於衛主顏讎由。……」此次答辯，極合論理，正吾所謂舉反證之說也。雖然，孟子與萬章皆不及見孔子，孟子據一傳說，萬章亦據一傳說，孟子既未嘗告吾儕以彼所據者出何經何典，萬章亦然。吾儕無從判斷孟子所據傳說之價值是否能優於萬章之所據。是故吾儕雖極不信「主癰疽」說，然對於「主顏讎由」說，在法律上亦無權以助孟子張目也。遇此類問題，則對於所舉反證，有一番精密審查之必要。例如舊說皆云釋迦牟尼以周穆王五十二年滅度，當西紀前九百五十年。獨《佛祖通載》（卷九）有所謂「衆聖點記」之一事，據稱梁武帝時有僧伽跋陀羅傳來之《善見律》，卷末有無數黑點，相傳自佛滅度之年起，佛弟子優波離，在此書末作一點，以後師弟代代相傳，每年一點，至齊永明六年，僧伽跋陀羅下最後之一點，共九百七十五點。循此上推，則佛滅度應在周敬王三十五年，當西紀前四百八十五年，與舊說相差至五百三十餘年之多。是則舊說之僞誤，明明得一強有力之反證矣。雖然，最要之關鍵，則在此「衆聖點記」者是否可信。吾國人前此惟不敢輕信之，故雖姑存此異說，而舊說終不廢。及近年來歐人據西藏文之《釋迦傳》以考定阿闍世王之年代，據印度石柱刻文以考定阿育王之年代，據巴利文之《錫蘭島史》以考定錫蘭諸王之年代，復將此諸種資料中有言及佛滅年者，據之與各王年代比較推算，確定佛滅年爲紀前四八五年。（或云四百八十七年，所差僅兩年耳。）於是衆聖點記之價值頓增十倍。吾儕乃確知釋迦略與孔子同時，舊說所云西周時人者，絕不可信；而其他書籍所言孔老以前之佛迹，亦皆不可信矣。

第五，時代錯迕則事必僞，此反證之最有力者也。例如《商君書·徠民》篇有「自魏襄以來」語，有「長平之勝」語；魏襄死在商君死後四十二年，長平戰役在商君死後七十八年，今謂商君能語及此二事，不問而知其僞也。《史記·扁鵲傳》，既稱鵲爲趙簡子時人，而其所醫治之人，有虢太子，有齊桓侯等；先簡子之立百三十九年而虢亡，田齊桓侯午之立，後簡子死七十二年，錯迕糾紛至此，則鵲傳全部事迹，殆皆不敢置信矣。其與此相類者，例如《尚書·舜典》[28]「帝曰，皋陶，蠻夷猾夏」，此語蓋甚可詫。夏爲大禹有天下之號，因禹威德之盛，而中國民族始得「諸夏」之名，帝舜時安從有此語？假令孔子垂教，而稱中國人爲漢人；司馬遷著書，而稱中國人爲唐人，有是理耶？此雖出聖人手定之經，吾儕終不能不致疑也。以上所舉諸例，皆甚簡單而易說明；亦有稍複雜的事項，必須將先決問題研究有緒，始能論斷本問題者。例如《舜典》[29]有「金作贖刑」一語，吾儕以爲三代以前未有金屬貨幣，此語恐出春秋以後人手筆。又如《孟子》稱「舜封象於有庳，象不得有爲於其國，天子使吏治其國，而納其貢賦」[30]。吾儕以爲封建乃周以後之制度，「使吏治其國」云云，又是戰國後半期制度，皆非舜時代所宜有。雖然，

28 「舜」原誤作「堯」。

29 「舜」原誤作「堯」。

30 首句乃撮述，非原文；又，「賦」原作「稅」。

此斷案極不易下；必須將「三代前無金屬貨幣」、「封建起自周代」之兩先決問題經種種歸納的研究立爲鐵案，然後彼兩事之僞乃成信讞也。且此類考證，尤有極難措手之處：吾主張三代前無金屬貨幣，人即可引《舜典》「金作贖刑」一語以反證；（近人研究古泉文者，有釋爲「乘正尚金當爰」之一種，即指爲唐虞贖刑所用，蓋因此而附會及於古物矣。）吾主張封建起自周代，人即可引《孟子》「象封有庳」一事爲反證；以此二書本有相當之權威也。是則對書信任與對事信任，又遞相爲君臣，在學者辛勤審勘之結果何如耳。

第六，有其事雖近僞，然不能從正面得直接之反證者，只得從旁面間接推斷之。若此者，若名曰比事的推論法。例如前所舉萬章問「孔子於衛主癰疽」事，同時又問「於齊主侍人瘠環」。孟子答案於衛雖舉出反證；於齊則舉不出反證，但別舉「過宋主司城貞子」之一旁證。吾儕又據《史記·孔子世家》稱孔子遊齊主高昭子，二次三次遊衛皆主蘧伯玉，因此可推定孔子所主皆正人君子，而癰疽、瘠環之說，蓋僞也。又如魯共王、孔安國與《古文尚書》之關係，既有確據以證其僞；河間獻王等與《古文毛詩》之關係，張蒼等與《古文左傳》之關係，亦別有確據以證其僞；則當時與此三書同受劉歆推獎之《古文周官》、《古文逸禮》，雖反證未甚完備，亦可用「晚出古文經蓋僞」之一假說略爲推定矣。此種推論法，應用於自然科學界，頗極穩健；應用於歷史時，或不免危險。因歷史爲人類所造，而人類之意志情感，常自由發動，不易執一以律其他也。例如孔子喜親近正人君子，固有證據，然其通變達權，亦有證據。南子而肯見。佛肸、弗擾召而欲往，此皆見於《論語》者，若此三事不僞，又安見其絕對的不肯主癰疽與瘠環也？故用此種推論法，只能下「蓋然」的結論，不宜輕下「必然」的結論。

第七，有不能得「事證」而可以「物證」或「理證」明其僞者。吾名之曰推度的推論法。例如舊說有明建文帝遜國出亡之事，萬斯同斥其僞，謂「紫禁城無水關，無可出之理」。（錢大昕著《萬季野傳》。）此所謂物證也。又如舊說有「顏淵與孔子在泰山望閶門白馬顏淵髮白齒落」之事，王充斥其僞，謂「人目斷不能見千里之外」，又言「用睛暫望，影響斷不能及於髮齒」[31]。（《論衡．書虛》篇。）此皆根據生理學上之定理以立言，雖文籍上別無他種反證，然已得極有價値之結論。此所謂理證也。吾儕用此法以駁歷史上種種不近情理之事，自然可以廓清無限迷霧。但此法之應用，亦有限制；其確實之程度，蓋當與科學智識駢進。例如古代有指南車之一事，在數百年前之人，或且度理以斷其僞，今日則正可度理以證其不僞也。然則史中記許多鬼神之事，吾儕指爲不近情理者，安知他日不發明一種「鬼神心理學」，而此皆爲極可寶之資料耶？雖然，吾儕今日治學，只能以今日之智識範圍爲界。「於其所不知蓋闕如」，終是寡過之道也。

本節論正誤辨僞兩義，縷縷數萬言，所引例或涉及極瑣末的事項，吾非謂治史學者宜費全精神於此等考證，尤非謂考證之功，必須遍及於等瑣事。但吾以爲有一最要之觀念爲吾儕所一刻不

31 王充二語乃撮述，非原文。

可忘者，則吾前文所屢說之「求眞」兩字——即前清乾嘉諸老所提倡之「實事求是」主義是也。夫吾儕治史，本非徒欲知有此事而止；既知之後，尚須對於此事運吾思想，騁吾批評。雖然，思想批評必須建設於實事的基礎之上而非然者，其思想將爲枉用，其批評將爲虛發。須知近百年來歐美史學之進步，則彼輩能用科學的方法以審查史料，實其發軔也。而吾國宋明以降學術之日流於誕渺，皆由其思想與批評，非根據於實事，故言愈辯而誤學者亦愈甚也。韓非曰：「無參驗而必之者，愚也；弗能必而據之者，誣也。」孔子曰：「蓋有不知而作之者，我無是也。多聞擇其善者而從之，多見而識之，知之次也。」又曰：「多聞闕疑，愼言其餘，則寡尤。」我國治史者，惟未嘗以科學方法駁史料，故不知而作非愚則誣之弊，往往而有。吾儕今日宜篳路藍縷以闢此途，務求得正確之史料以作自己思想批評之基礎；且爲後人作計，使踵吾業者，從此得節嗇其精力於考證方面，而專用其精力於思想批評方面，斯則吾儕今日對於斯學之一大責任也。

注一　法顯著《佛國記》，亦名《法顯行傳》。玄奘著《大唐西域記》；又奘弟子慧立著《慈恩三藏法師傳》。義淨著《南海寄歸內法傳》及《西行求法高僧傳》。

注二　棄疾二書，見《學海類編》。阿計替者，當時金廷所派監視徽、欽二宗之人也。二書蓋其日記原稿，棄疾全部採錄也。

注三　此供狀忘記在某部筆記中，十五年前吾曾在《新民叢報》錄印一次。此供狀惜尚有刪節處，不能得其全相。

注四　關於此問題之研究，Gaubil氏謂在紀前二一五四年十月十一日；Largeteau氏及Chalmers氏謂在二一二七年十月十二日；Fréret氏及D. Cassini氏謂在二一〇六年十月二十四日；Gumpaeh氏謂在二一五五年十月二十二日：Oppolzer氏謂在二一三五年十月二十一日：而有名之漢學大家Prof. G. Schlegel[32]及有名之天文學大家Dr. F. Kuhnert曾合著一書在荷蘭阿姆斯丹之學士院出版，題曰《書經之日蝕》（*Die Schu King Finsterniss*, Amsterdam. J. Müller. 1889），謂當在二一六五年五月七日，其言甚雄辯。其後漢學大家Dr. E. Eitel[33]復著詳論駁之，登在《*China Review*》第十八卷。

注五　明抄本《慎子》，繆荃蓀所藏，最近上海涵芬樓所印《四部叢刊》採之，詫為驚人祕笈。繆氏號稱目錄學專家，乃寶此燕石，故知考古貴有通識也。

注六　古書中有許多經各時代無數人踵襲賡續而者，如《本草》一書即其例。吾嘗欲詳考此書成立增長之次第，所搜資料頗多，惜未完備不能成篇耳。

注七　看《晉書》載〈東晳傳〉、〈王接傳〉及杜預〈左傳集解後序〉。

注八　看今人王國維著《太史公年譜考略》，崔適著《史記探原》。

注九　看今人胡適著《中國哲學史大綱》二十一、二十二葉。

---

32 原無末尾之「l」，代添。

33 「E」原作「F」，代改。

第六章　史蹟之論次

吾嘗言之矣：事實之偶發的、孤立的、斷滅的，皆非史的範圍。然則凡屬史的範圍之事實，必其於橫的方面，最少亦與他事實有若干之聯帶關係；於縱的方面，最少亦爲前事實一部分之果或爲後事實一部分之因。是故善治史者，不徒致力於各個之事實，而最要著眼於事實與事實之間。此則論次之功也。

史蹟有以數千年或數百年爲起訖者。其迹每度之發生，恆在若有意識若無意識之間，並不見其有何等公共一貫之目的，及綜若干年之波瀾起伏而觀之，則儼然若有所謂民族意力者在其背後。治史者遇此等事，宜將千百年間若斷若續之迹，認爲筋搖脈注之一全案，不容以枝枝節節求也。例如我族對於苗蠻族之史蹟，自黃帝戰蚩尤，堯舜分背三苗以來，中間經楚莊蹻之開夜郎，漢武帝通西南夷，馬援、諸葛亮南征，唐之於六詔，宋之於儂智高……等事，直到清雍乾間之改土歸流，咸同間之再平苗討杜文秀，前後凡五千年，此問題殆將完全解決。對於羌回族之史蹟，自成湯氐、羌來享，武王征師羌、髳以來，中間經晉之五涼，宋之西夏……等等，直至清乾隆間蕩平準、回，光緒間設新疆行省置西陲各辦事大臣，前後凡四千年，迄今尚似解決而未盡解決。對於匈奴之史蹟，自黃帝伐獯鬻，殷高宗伐鬼方，周宣王伐玁狁以來，中間經春秋之晉，戰國之秦趙，力與相持，迄漢武帝、和帝兩度之大膺懲，前後經三千年，茲事乃告一段落。對於東胡之史蹟，自春秋時山戎病燕以來，中間經五胡之諸鮮卑，以逮近世之契丹、女眞、滿珠，前後亦三千年，直至辛亥革命清廷遜荒，此問題乃完全解決。至如朝鮮問題，自箕子受封以來，歷漢隋唐屢起屢伏，亦經三千餘年，至光緒甲午，解決失敗，此問題乃暫時摒出我歷史圈外，而他日勞吾子孫以解決者且未有已也。如西藏問題，自唐吐蕃時代以迄明清，始終在似解決未解決之間，千五百餘年於茲矣。以上專就本族對他族關係言之，其實本族內部之事，性質類此者亦正多。例如封建制度，以成周一代八百年間爲起訖；既訖之後，猶二千餘年時時揚其死灰，若漢之七國，晉之八王，明之靖難，清之三藩，猶其俤影也。例如佛教思想，以兩晉六朝隋唐八百年間爲起訖；而其先驅及其餘燼，亦且數百年也。凡此之類，當以數百年或數千年間此部分之總史蹟爲一個體，而以各時代所發生此部分之分史蹟爲其細胞。將各細胞個個分離，行見其各爲絕無意義之行動；綜合觀之，則所謂國民意力者乃躍如也。吾論舊史尊紀事本末體，夫紀事必如是，乃眞與所謂本末者相副矣。

史之爲態，若激水然，一波才動萬波隨。舊金山金門之午潮，與上海吳淞口之夜汐，鱗鱗相銜，如環無端也。其發動力有大小之分，則其蕩激亦有遠近之異。一個人方寸之動，而影響及於一國；一民族之舉足左右，而影響及於世界者，比比然也。吾無暇毛舉其細者，惟略述其大者：吾今標一史題於此，曰：「劉項之爭，與中亞細亞及印度諸國之興亡有關係；而影響及於希臘人之東陸領土。」聞者必疑其風馬牛不相及；然吾征諸史蹟而有以明其然也。尋其波瀾起伏之路線，蓋中國當李牧、蒙恬時，浪勢壯闊，蹙匈奴於北，使彼「十餘年不敢窺趙邊」[1]，（《史記·李牧傳》文。）「卻之七百餘里」[2]。（賈誼〈過秦論〉文。）使中國能保持此局，匈奴當不能有所擾於世界之全局。「秦末擾亂，諸秦所徙謫戍邊者皆復去，於是匈奴得寬，復稍度河南。……漢兵與項羽相拒，中國罷於兵革，以故冒頓得自強。……大破滅東胡，西擊走月氏。」[3]（《史記·匈奴傳》文。）「月氏本居敦煌、祁連間，及爲匈奴所敗，乃遠去，過宛，西擊大夏而臣之。」[4]（《史記·大宛傳》文。）蓋中國拒胡之高潮，一度退落，匈奴乘反動之勢南下，軒然蹴起一大波，以撼我甘肅邊徼山谷間之月氏；爲所蕩激，復蹴起一大波，滔滔度蔥嶺以壓大夏。大夏者，西史所謂柏忒里亞（Bactria），亞歷山大大王之部將所建國也，實爲希臘人東陸殖民地之樞都，我舊史字其人曰塞種。「月氏西君大夏，而塞王南君罽賓；塞種分散，往往爲數國。」（《漢書·西域傳》文。）罽賓者，今北印度之克什米爾（《大唐西域記》之迦濕彌羅，）亞歷大王曾征服而旋退出者也。至是希臘人（塞王）受月氏大波所蕩激，又蹴一波以撼印度矣。然月氏之波，非僅此而止。「月氏遷於大夏，分其國爲五部翖侯。後百

1　原文作「其後十餘年，匈奴不敢近趙邊城」。
2　「卻之」原作「卻匈奴」。
3　首句原作「諸侯畔秦，中國擾亂」，「東胡」後有刪略。
4　「月支」前原有「始」字，下無「本」字。

餘歲，貴霜翎侯邱卻自立爲王國，號貴霜王。侵安息，取高附地，滅濮達、罽賓。子閻膏珍復滅天竺。」[5]（《後漢書．西域傳》文。）蓋此波訇砰南駛，乃淘掠波斯（安息）、阿富汗（濮達）而淹沒印度；挫希臘之鋒使西轉，自爾亞陸無復歐人勢力矣。然則假使李牧、蒙恬晚死數十年，或衛青、霍去病蚤出數十年，則此一大段史蹟，或全然不能發生，未可知也。吾又標一史題於此，曰：「漢攘匈奴，與西羅馬之滅亡，及歐洲現代諸國家之建設有關。」聞者將益以爲誕。然吾比觀中西諸史，而知其因緣甚密切也。自漢武大興膺懲之師，其後匈奴寖弱，裂爲南北。南匈奴呼韓邪單于，保塞稱臣，其所部雜居內地者，漸同化於華族。北匈奴郅支單于，仍倔強，屢寇邊，和帝時再大舉攘之：「永元元二年，連破北匈奴」[6]，（《後漢書．和帝紀》文。）「三年，竇憲將兵擊之於金微山，大破之，北單于逃走，不知所之。」[7]（《後漢書．憲傳》文。）此西紀八十八年事也[8]。其云「不知所之」者，蓋當時漢史家實不知之，今吾儕則已從他書求得其蹤迹。「彼爲憲所逐，度金微山，西走康居建設悅般國，……地方數千里，衆二十

---

5 「月支」與「分其國為」後均有刪節；又，「邱就卻」、「罽賓」、「閻膏珍」後均有刪略。

6 此條為撮述語。

7 「竇憲」以上四字乃引者所加，「擊之」原作「擊北虜」，「大破之」下刪去一句，「所之」原作「所在」。

8 永元三年為西紀九十一年。

餘萬。」[9]（《魏書・西域傳》悅般條文。）金微者，阿爾泰山；康居者，伊犁以西，訖於裏海之一大地也。《後漢書・西域傳》，不復爲康居立傳，而於粟弋奄蔡條下，皆云屬康居，蓋此康居即匈奴所新建之悅般，「屬康居」云者，即役屬於康居新主人之匈奴也。然則粟弋奄蔡又何族耶？兩者皆日耳曼民族中之一支派：粟弋疑即西史中之蘇維（Suevi）人；奄蔡爲前漢時舊名，至是「改名阿蘭聊」，（《後漢書・西域傳》文。）即西史中之阿蘭（Alan）人；此二種者，實後此東峨特（Est Goths）之主幹民族也。吾國人亦統稱其族爲粟特。《魏書・西域傳》：「粟特國，故名奄蔡，一名溫那沙，（疑即西史之Vandals，亦東峨特之一族也。）居於大澤，在康居西北。」[10]康居西北之大澤，決爲黑海，已成學界定論，而第二、三世紀時，環黑海東北部而居者，實東峨特，故知粟特即東峨特無可疑也。當此期間，歐洲史上有一大事，爲稍有常識之人所同知者。即第三、四世紀間，有所謂芬族（Huns or Fins）者，初居於窩瓦河（Volga River）之東岸，役屬東西峨特人已久。至三百七十四年，（晉武帝寧康二年。）芬族渡河西擊東峨特人而奪其地。芬王曰阿提拉（Attila），其勇無敵；轉戰而西，入羅馬，直至西班牙半島；威震全歐。東峨特人爲芬所逼，舉族西遷，沿多惱河下流而進，渡來因河，與西峨特人爭地；西峨特亦舉族西遷。其後分建東峨特、西峨特兩王國，而西羅馬遂亡。兩峨特王國，即今德法英意諸國之

9 「悅般國」以前為撮述；「眾」下原有「可」字。
10 「粟特國」下刪去五字，「故名」原作「古之」。

前身也。而芬族亦建設匈牙利、塞爾維亞、布加利亞諸國。是爲千餘年來歐洲國際形勢所自始，史家名之曰「民族大移轉時代」。此一樁大公案，其作俑之人，不問而知爲芬族也。芬族者何？即竇憲擊逐西徙之匈奴餘種也。《魏書．西域傳》粟特條下云：「先是匈奴殺其王而有其國，至王忽倪已，三世矣。」美國哥侖比亞大學教授夏德（Hirth）考定忽倪已，即西史之Hernae，實阿提拉之少子，繼立爲芬王者。（忽倪已以魏文成帝時來通好，文成在位當西紀四五二至四六五年[11]，Hernae即位在四五二年。）因此吾儕可知三、四世紀之交所謂東峨特役屬芬族云者，其役屬之峨特，即《後漢書》所指役屬康居之粟弋、奄蔡，其役屬之之芬族，則《後漢書》之康居，《魏書》之悅般，即見敗於漢，度金微山而立國者也。芬王阿提拉與羅馬大戰於今法蘭西境上，在西紀四五一年，當芬族渡窩瓦河擊殺峨特王亥耳曼後之六十四年；故知《魏書》所謂「匈奴擊殺粟特王而有其國」者：所擊殺之王即亥耳曼，所有之國即東峨特。而擊殺之之匈奴王即阿提拉之父，而忽倪已之祖。其年爲西紀三百七十四年，上距竇憲擊逐時二百九十餘年[12]，而下距魏文成時通好之忽倪已，恰三世也。吾儕綜合此種種資料，乃知漢永元一役，實可謂全世界史最要之關鍵，其在中國結唐虞三代以來二千年獯鬻、玁狁之局，自此之後中國不復有匈奴寇邊之禍。（劉淵等歸化匈奴構亂於內地者不在此例。）班固〈封燕然山銘〉所謂：「攄高文之宿憤，光祖

11 「四六五」原誤作「四五六」。
12 「九」應作「八」。

宗之玄靈；一勞而久逸，暫費而永寧。」13非虛言也。然竟以此嫁禍歐洲，開彼中中古時代千年黑暗之局。直至今日，猶以匈奴遺種之兩國（塞爾維亞與匈牙利）惹起全世界五年大戰之慘劇。人類造業，其波瀾之壯闊，與變態之瑰譎，其不可思議有如此。吾儕但據此兩事，已可以證明人類動作，息息相通，如牽髮而動全身，如銅山西崩而洛鐘東應。以我中國與彼西方文化中樞地相隔如彼其遠，而彼我相互之影響猶且如此其巨，則國內所起之事件，其首尾連屬因果複雜之情形，益可推矣。又可見不獨一國之歷史為「整個的」，即全人類之歷史亦為「整個的」。吾中國人前此認禹域為「天下」，固屬褊陋，歐洲人認環地中海而居之諸國為世界，其褊陋亦正與我同。實則世界歷史者，合各部分文化國之人類所積共業而成也。吾儕誠能用此種眼光以觀察史蹟，則如乘飛機騰空至五千尺以上，周覽山川形勢，歷歷如指掌紋。眞所謂「俯仰縱宇宙，不樂復何如」矣。然若何然後能提絜綱領，用極巧妙之筆法以公此樂於大多數人，則作史者之責也。

孟子嘗標舉「知人論世」之義，論世者何？以今語釋之，則觀察時代之背景是已。人類於橫的方面為社會的生活，於縱的方面為時代的生活。苟離卻社會與時代，而憑空以觀某一個人或某一群人之思想動作，則必多不可瞭解者。未瞭解而輕下批評，未有不錯誤也。故作史如作畫，必先設構背景，讀史如讀畫，最要注察背景。舊史中能寫出背景者，則《史記．貨殖列傳》實其最好模範。此篇可分為四大段：篇首「老子日至治之極」起至「而況匹夫編戶之民乎」止，為第一

13　「玄靈」後有刪略。

段，略論經濟原則及其與道德之關係。自「昔者越王勾踐困於會稽」起，至「豈非以富耶」止，爲第二段，紀漢以前貨殖之人。自「漢興海內爲一」起至「令後世得以觀擇焉」止，說明當時經濟社會狀況。自「蜀卓氏之先」起至篇末，紀當時貨殖之人。即以文章結構論，已與其他列傳截然不同。其全篇宗旨，蓋認經濟事項在人類生活中含有絕大意義，一切政教，皆以此爲基礎。其見解頗有近於近世惟物史觀之一派，在我國古代已爲特別。其最精要之處，尤在第三段：彼將全國分爲若干個之經濟區域，每區域尋出其地理上之特色，舉示其特殊物產及特殊交通狀況，以規定該區域經濟上之物的基件，每區域述其歷史上之經過，說明其住民特殊性習之由來，以規定該區域經濟上之心的基件。吾儕讀此，雖生當二千年後，而於當時之經濟社會，已得有頗明瞭之印象。其妙處乃在以全力寫背景，而傳中所列舉之貨殖家十數人，不過借作說明此背景之例證而已。此種敘述法，以舊史家眼光觀之，可謂奇特。各史列傳，更無一篇敢蹈襲此法；其表志之紀事，雖間或類此，然求其能如本篇之描出活社會狀況者，則竟無有也。吾儕今日治史，但能將本篇所用之方法，擴大之以應用於各方面，其殆庶幾矣。

史蹟複雜，苟不將其眉目理清，則敘述愈詳博，而使讀者愈不得要領。此當視作者頭腦明晰之程度何如，與其文章技術之運用何如也。此類記述之最好模範，莫如《史記．西南夷列傳》：

西南夷君長以什數，夜郎最大。其西靡莫之屬以什數，滇最大。自滇以北君長以什數，邛都最大。此皆魋結耕田有邑聚。

其外：西自同師以東，北至楪榆，名為嶲昆明。皆編髮隨畜遷徙，毋常處，毋君長，地方可數千里。

自嶲以東北，君長以什數，徙筰都最大。自筰以東北，君長以什數，冉駹最大。其俗或土著或移徙。

在蜀之西，自冉駹以東北，君長以什數，白馬最大。皆氐類也。

此皆巴蜀西南外蠻夷也。

此對於極複雜之西南民族，就當時所有之智識範圍內，以極簡潔之筆法，將其脈絡提清，表示其位置所在，與夫社會組織之大別，及其形勢之強弱。以下方雜敘各部落之叛服等事，故不復以淩亂爲病。惜後世各史之記事，能如此者絕稀。例如晉代之五胡十六國，唐代之藩鎮，皆史蹟中之最糾紛者；吾儕無論讀正史讀《通鑑》，皆苦其頭緒不清。其實此類事，若用《西南夷列傳》之敘述法，未嘗不可使之一目了然；但舊史或用紀傳體，或用編年體，以事隸人或以事隸年，其勢不能於人與年之外而別有所提絜，是故使學者如墮煙霧也。

自《史記》創立十表，開著作家無量法門。鄭樵《圖譜略》（益推闡其價值）。《史記》惟表年代世次而已，後人乃漸以應用於各方面。如顧棟高之《春秋大事表》，將全部《左傳》事迹，重新組織一過，而悉以表體行之，其便於學者滋多矣。即如五胡十六國之事，試一讀齊召南之《歷代帝王年表》，已覺眉目略清，若更爲下列之兩表，則形勢若指諸掌矣。今錄舉以爲例：

五胡十六國興亡表第一：

種名	族名	國號	創業主	國都	年數	被滅
北狄種	匈奴	漢（前趙）	劉淵—劉聰	初平陽（山西臨汾）		
			劉曜	遷長安（陝西省城）	一五	後趙
		北涼	沮渠蒙遜	張掖（甘肅張掖）	四三	後魏
		夏	赫連勃勃	統萬（陝西懷遠）	二五	後魏
	羯	後趙	石勒—石虎	初襄國（直隸邢臺）	三四	前燕
		（冉魏）	冉閔	遷鄴（直隸臨漳）		
西羌種	巴蠻	成（漢）	李雄	成都（四川省城）	四四	東晉
	氐	前秦	苻健—苻堅	長安	四四	後秦
		後涼	呂光	姑臧（甘肅武威）	一八	後秦
	羌	後秦	姚萇、姚興	長安	三四	東晉

種名	族名	國號	創業主	國都	年數	被滅
東胡種	鮮卑	前燕	慕容皝	初龍城（內蒙古土默特右翼）	三四	前秦
			慕容儁	遷鄴		
		後燕	慕容垂	中山（直隸定縣）	二六	北燕
		西燕	慕容沖	中山	一三	東晉
		南燕	慕容德	廣固（山東益都）	四七	夏
		西秦	乞伏國仁	宛川（甘肅靖遠）	一八	西秦
		南涼	禿髮烏孤	樂都（甘肅西寧）		
		後魏	拓跋珪			
漢種		前涼	張重華	姑臧	二八	前秦
		西涼	李暠	敦煌（甘肅敦煌）	二八	北涼
		北燕	馮跋	龍城	二八	後魏

14 西秦滅南涼，圖中未顯示，代改。

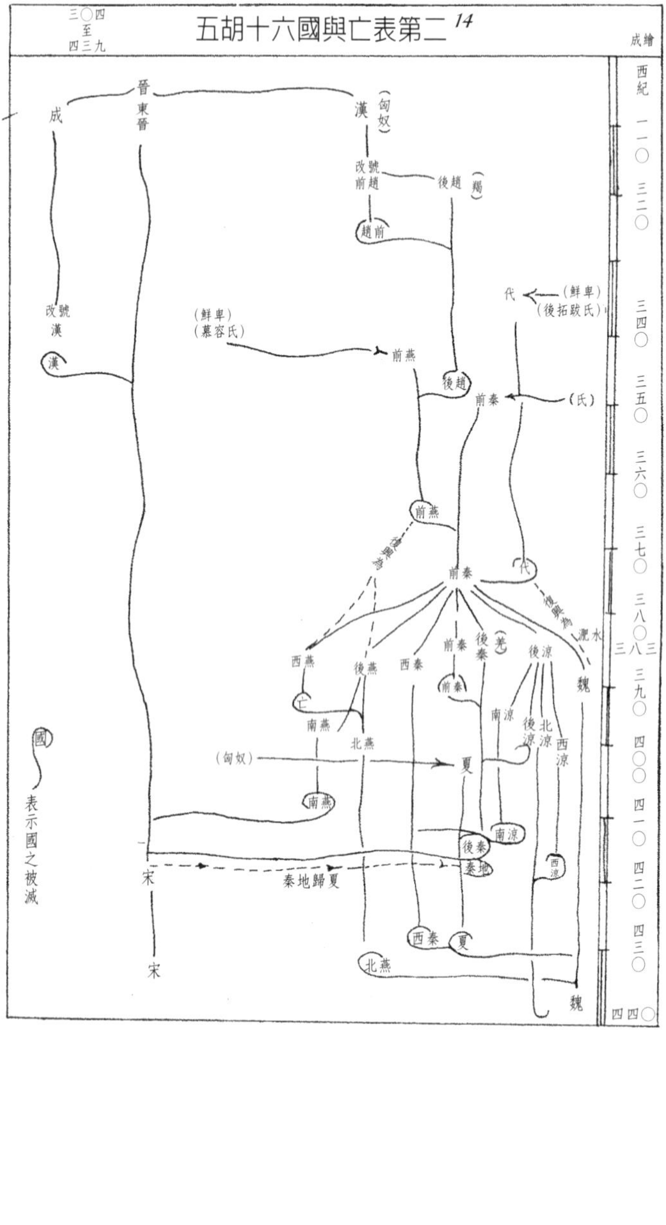

右第一表為東人所編中國史籍所通有，我不過略加增修而已；第二表則我所自造。吾生平讀書最喜造表，頃著述中之《中國佛教史》，已造之表已二十餘。我造表所用之勞費，恆倍蓰什伯於著書。竊謂凡遇複雜之史蹟，以表馭之，什九皆可就範也。

天下古今，從無同鑄一型的史蹟，讀史者於同中觀異，異中觀同，則往往得新理解焉。此春秋之教所以貴「比事」也。同中觀異者，例如周末之戰國與唐末之藩鎮，其四分五裂，日尋干戈也同，其仍戴一守府之天子多歷年所也同。然而有大不同者：戰國蛻自封建，各有歷史深厚之國家組織，其統治者確為當時之優秀階級，各國各為充實的內部發展，其性質與近世歐洲列國近，故於歷史上文化，貢獻甚大；藩鎮則蛻自蕃將降賊，統治者全屬下流階級，酷肖現代千夫所指之軍閥，故對於文化，只有破壞，更無貢獻。例如中世之五胡與近世之元清，雖同為外族蹂躪中夏。然而五胡之酋，皆久已雜居內地，半同化於吾族；彼輩蓋皆以一身或一家族——規模較大之家族，乘時倡亂，而裹脅中國多數莠民以張其勢，其性質與陳涉、吳廣輩相去無幾；其中尤有受中國教育極深之人如劉淵、苻堅等，其佐命者或為中國傑出之才士如張方、王猛等。故雖雲擾鼎沸，而於中國社會根本精神，不生大變動；其惡影響所及，不過等於累朝季葉之擾亂或稍加甚而已。元清等不然：彼等本為中國以外的一部落，漸次擴大，南向與中國為敵國者多年，最後乃一舉而滅之，其性質純然為外來征服的，與五胡之內亂割據的絕異。且五胡時代，中原雖淪，而江南無恙，吾族文化嫡系，迄未中斷；元清不然，全中國隸彼統治之下百年或二三百年，彼熟知吾人恥憤之深，而力謀所以固位之術，故其摧殘吾國民性也至陰險而狠毒；而吾族又更無與彼對立之統治機關，得以息肩而自庇；故元氣所傷實多，而先民美質，日就凋落。又元清兩代，其相同之點既如前述，然亦自有其相異之點。蒙古人始終不肯同化於中國人，又不願利用中國人以統治中國；故元代政治之好壞，中國人幾乎不能負責任。因此其控馭之術，不甚巧妙，其統治力不能持久；然因此之故，彼雖見擯出塞，猶能保持其特性，至今不滅。滿洲人初時亦力求不同化，然而不能自持；其固有之民族性逐漸澌滅，至亡時殆一無復存。彼輩利用中國人統治中國之政策，始終一貫，其操術較巧妙，故其享祚較長久。然政權一墜，種性隨淪，今後世界上應更無復滿洲人矣。異中觀同者，例如北魏、女眞皆僅割據中原，滿洲則統一全國，此其所異也；然皆入據後逐漸同化，馴至盡喪其民族以融入我族，此其所同也。而彼三族者皆同出東胡，吾儕因可以得一假說，謂東胡民族之被同化性，較他民族爲多也。又如元代劇曲最發達，清代考證學最發達，兩者之方向，可謂絕異。然其對於政治問題之冷淡則同，較諸漢唐宋明四代之士風截然矣。吾儕因此可得一假說，謂在異族統治之下，人民必憚談政治也。又如儒教佛教，千餘年間軋轢不絕，其教理亦確多根本不同之處。然考其學發達之順序，則儒家當漢初，專務抱殘守缺，傳經典之文句而已；後漢以降，經師成一家言者漸多；六朝隋唐則義疏解釋講授之風甚盛；入宋以後，便力求刊落糟粕，建設一種內觀的新哲學。佛家亦然，輸入初期，專務翻譯，所譯率皆短篇經典；六朝隋唐，則大部經論，陸續譯成，佛徒多各專一經以名家；（如毗曇宗、俱舍宗、成實宗、三論宗、法華宗、涅槃宗、地論宗、攝論宗等，皆專宗一經或一論。）而注疏解釋講授之風亦極盛；其後則漸漸自創新宗；（如天臺賢首慈恩諸宗。）入宋以後，則不立文字之禪宗獨盛，而他宗殆皆廢。兩家學術之發展，並不相謀；然而所歷方向，乃恰如兩平行線，千餘年間相與駢進。吾儕必比而觀之，然後所謂時代精神者乃得見。凡此皆異中觀同之例也。

說明事實之原因結果，為史家諸種職責中之最重要者。近世治斯學之人，多能言之。雖然，茲事未易言也。宇宙之因果律，往往為複的而非單的，為曲的而非直的，為隔的伏的而非連的顯的，故得其真也甚難。自然界之現象且有然，而歷史現象其尤甚也。嚴格論之，若欲以因果律絕對的適用於歷史，或竟為不可能的而且有害的，亦未可知。何則？歷史人類心力所造成，而人類心力之動，乃極自由而不可方物。心力既非物理的或數理的因果律所能完全支配，則其所產生之歷史，自亦與之同一性質。今必強懸此律以馭歷史，其道將有時而窮，故曰不可能；不可能而強應用之，將反失歷史之真相，故曰有害也。然則吾儕竟不談因果可乎？曰，斷斷不可。不談因果，則無量數繁賾變幻之史蹟，不能尋出一系統，而整理之術窮；不談因果，則無以為鑑往知來之資，而史學之目的消滅。故吾儕常須以炯眼觀察因果關係；但其所適用之因果律，與自然科學之因果律不能同視耳。

請言自然科學與歷史之別：

其一，自然科學的事項，常為反覆的完成的；歷史事項反是，常為一度的，不完成的。——自然科學，常在必然的法則支配之下，繰演再繰演；同樣條件，必產同樣結果；且其性質皆屬於可以還元。其研究對象之原子分子或生殖質，皆屬完成的決定的。歷史不然：如吾前文所屢言，天下從無同鑄一型的史蹟；凡史蹟皆莊子所謂「新發於硎」，未有繰演乎其舊者也。不惟極活躍之西洋史，節節翻新，即極凝滯之中國史，前後亦未嘗相襲。不寧惟是，每一段史蹟，殆皆在前進之半途中，作若行若止之態，常將其未竟之緒之一部分貽諸方來，欲求如自然科學之截然表示一已完成之定形定態以供人研究者，殆不可得。故自然科學可以有萬人公認之純客觀的因果律，而歷史蓋難言之矣。

其二，自然科學的事項，常為普遍的；歷史事項反是，常為個性的。——自然科學的事項，如二加二必為四，輕養二合必為水。數學上無不同質之「二」；化學上無不同質之「輕」與「養」。故二加二之法則，得應用於一切之四；輕養二合之法則，得應用於一切之水。歷史不然：歷史由人類所造。人類只有一個孔子，更無第二個孔子；只有一個基督，更無第二個基督。拿破侖雖極力摹仿該撒，然拿破侖自是拿破侖，不是該撒；吾儕不妨以明太祖比漢高祖，然不能謂吾知漢祖，同時即已知明祖。蓋歷史純為個性發揮之製造品，而個性直可謂之無一從同。又不惟個人為然耳。歷史上只有一個文藝復興時代，更無絕對與彼相同之第二個時代；世界上只有一個中華民族，更無絕對與我相同之第二個民族。凡成為歷史事實之一單位者，無一不各有其個別之特性。此種個性，不惟數量上複雜不可僂指，且性質上亦幻變不可方物。而最奇異者，則合無量數互相矛盾的個性，互相分歧或反對的願望與努力，而在若有意若無意之間，乃各率其職以共赴一鵠，以組成此極廣大極複雜極緻密之「史網」，人類之不可思議，莫過是矣。史家之職責，則在此種極散漫極複雜的個性中，而覷見其實體，描出其總相，然後因果之推驗乃可得施。此其所以為難也。

其三，自然科學的事項，爲超時間空間的；歷史事項反是，恆以時間空間關係爲主要基件。——二加二爲四，輕養二合爲水，億萬年前如是，億萬年後亦有然，中國如是，他國他洲有然，乃至他星球亦有然。歷史反是：某時代關係極重要之事項，移諸他時代或成爲絕無意義。不寧惟是，同一事件，早一年發生與遲一年發生，乃至早一日一刻發生與遲一日一刻發生，其價值可以相去懸絕。空間方面亦復如是，甲處所發生事件，假令以同型的——其無絕對同型的不俟論——移諸乙處，其所取得歷史上之意義與價值，迴乎不相侔。質而言之，史蹟之爲物，必與「當時」、「此地」之兩觀念相結合，然後有評價之可言。故史學推論的方式，比諸自然科學，益複雜而難理也。

明乎此三異點，始可以語於史界之因果矣。

史界因果之劈頭一大問題，則英雄造時勢耶？時勢造英雄耶？換言之，則所謂「歷史爲少數偉大人物之產兒」、「英雄傳即歷史」者，其說然耶否耶？羅素曾言：「一部世界史，試將其中十餘人抽出，恐局面或將全變。」此論吾儕不能不認爲確含一部分眞理。試思中國全部歷史如失一孔子，失一秦始皇，失一漢武帝……其局面當何如？佛學界失一道安，失一智顗，失一玄奘，失一慧能，宋明思想界失一朱熹，失一陸九淵，失一王守仁，清代思想界失一顧炎武，失一戴震，其局面又當何如？其他政治界、文學界、藝術界，蓋莫不有然。此等人得名之曰「歷史的人格者」。何以謂之「歷史的人格者」？則以當時此地所演生之一群史實，此等人實爲主動——最少亦一部分的主動——而其人面影之擴大，幾於掩覆其社會也。

文化愈低度，則「歷史的人格者」之位置，愈為少數所壟斷；愈進化則其數量愈擴大。其在古代，政治之汙隆，繫於一帝王，教學之興廢，繫於一宗師，則常以一人為「歷史的人格者」。及其漸進，而重心移於少數階級或宗派，則常以若干人之首領為「歷史的人格者」。及其益進，而重心益擴於社會之各方面，則常以大規模的團體之組織分子為「歷史的人格者」。例如波斯、馬基頓、羅馬帝國、阿剌伯諸史之全舞臺，幾為各該時代一二三英雄所獨占；十九世紀歐洲諸國之歷史，常以貴族或中等階級各派之十數首領為主體；今後之歷史，殆將以大多數之勞動者或全民為主體；此其顯證也。由此言之，歷史的大勢，可謂為由首出的「人格者」，以遞趨於群衆的「人格者」。愈演進，愈成為「凡庸化」，而英雄之權威愈減殺，故「歷史即英雄傳」之觀念，愈古代則愈適用，愈近代則愈不適用也。

雖然，有兩義當注意焉：其一，所謂「首出的人格者」，表面上雖若一切史蹟純為彼一人或數人活動之結果，然不能謂無多數人的意識在其背後。實則此一人或數人之個性，漸次浸入或鑄入於全社會而易其形與質。社會多數人或為積極的同感，或為消極的盲從，而個人之特性，寖假遂變為當時此地之民衆特性。——亦得名之曰集團性或時代性。非有集團性或時代性之根柢而能表現出一史蹟，未之前聞。例如二千年來之中國，最少可謂為有一部分屬於孔子個性之集團化。而戰國之政治界，可謂為商鞅個性之時代化；晚明之思想界可謂為王守仁個性之時代化也。如是，故謂「首出的人格者」能離群衆而存在，殆不可。其二，所謂「群衆的人格者」，論理上固為群衆中各分子各自個性發展之結果，固宜各自以平等的方式表顯其個性。然實際上其所表顯者，已另爲一之集團性或時代性，而與各自之個性非同物。且尤必有所謂「領袖」者以指導其趨向執行其意思，然後此群衆人格乃得實現。例如吾儕既承認彼信奉共產主義之人人爲一個合成的「人格者」，則同時不能不承認馬克思之個人與此「人格者」之關係，又不能不承認列寧之個人與此「人格者」之關係。如是，故謂「群衆的人格者」能離首出者而存在，殆亦不可。

吾曷爲向研究歷史之人曉曉陳此義耶？吾以爲歷史之一大祕密，乃在一個人之個性，何以能擴充爲一時代一集團之共性？與夫一時代一集團之共性，何以能寄現於一個人之個性？申言之：則有所謂民族心理或社會心理者，其物實爲個人心理之擴大化合品，而復借個人之行動以爲之表現。史家最要之職務，在覷出此社會心理之實體，觀其若何而蘊積，若何而發動，若何而變化，而更精察夫個人心理之所以作成之表出之者，其道何由。能致力於此，則史的因果之祕密藏，其可以略睹矣。

歐美自近世以來，民衆意識亢進，故社會心理之表現於史者甚鮮明，而史家之覷出之也較易。雖然，亦由彼中史學革新之結果，治史者能專注重此點，其間接促起民衆意識之自覺力，抑非細也。中國過去之史，無論政治界思想界，皆爲獨裁式，所謂積極的民衆意識者甚缺乏，無庸諱言。治史者常以少數大人物爲全史骨幹，亦屬不得已之事。但有一義須常目在之者：無論何種政治何種思想，皆建設在當時此地之社會心理的基礎之上。而所謂大人物之言動，必與此社會心理發生因果關係者，始能成爲史蹟。大人物之言動，非以其個人的資格而有價值，乃以其爲一階級或一黨派一民族之一員的資格而有價值耳。

所謂大人物者，不問其爲善人惡人，其所作事業爲功爲罪，要之其人總爲當時此地一社會——最少該社會中一有力之階級或黨派——中之最能深入社會閫奧，而與該社會中人人之心理最易互相瞭解者。如是，故其暗示反射之感應作用，極緊張而迅速。例如曾國藩確能深入咸同間士大夫社會之閫奧，而最適於與此輩心理起感應作用；袁世凱確能深入清季官僚武人社會之閫奧，而最適於與彼輩心理起感應作用。而其效果收穫之豐嗇，一方面視各該社會憑借之根柢何如，一方面又視所謂大人物者心理亢進之程度何如。據事實所昭示，則曾國藩之收穫，乃遠不逮袁世凱。袁世凱能於革命之後，將其所屬之腐惡垂死的舊社會，擴大之幾於掩覆全國；曾國藩事業之範圍愈大，而其所屬之賢士大夫的社會，其領土乃反日蹙也。此其故，固由近六十年間之中國，其環境宜於養育袁世凱的社會，不宜於養育曾國藩的社會，兩者所憑借之勢，優劣懸殊；然而袁世凱執著力之強，始終以一貫精神，絕無反顧，效死以扶植其所屬之惡社會，此種積極的心理，殆非曾國藩所能及也。然則豈惟如羅素言：「將歷史上若干人物抽出，則局面將大變」而已，此若干人者心理之動進稍易其軌，而全部歷史可以改觀。恐不惟獨裁式的社會爲然，即德謨克拉西式的社會亦未始不然也。

社會倘永爲一種勢力——一種心理之所支配，則將成爲靜的、僵的，而無復歷史之可言。然而社會斷非爾爾。其一，由人類心理之本身，有突變的可能性。心理之發動，極自由不可方物；無論若何固定之社會，殊不能預料或制限其中之任何時任何人忽然起一奇異之感想；此感想一度爆發，視其人心力之強度如何，可以蔓延及於全社會。其二，由於環境之本質爲蕃變的，而人類不能不求與之順應。無論若何固定之社會，其內界之物質的基件，終不能不有所蛻變；變焉而影響遂必波及於心理。即內界不變或所變甚微，不足以生影響。然而外來之寖迫或突襲，亦時所難免，有之，而內部之反應作用，遂不得不起。凡史蹟所以日孳而日新，皆此之由。而社會組成分子較複雜及傳統的權威較脆弱者，則其突變的可能性較大。其社會內部物質的供給較艱嗇，且與他社會接觸之機緣較多者，則其環境之變遷較劇且繁。過去之中國史，不能如西洋史之巘原層疊，波瀾壯闊，其所積者不同，其所受者亦不同也。

史蹟所以詭異而不易測斷者：其一，人類心理，時或潛伏以待再現。凡衆生所造業，一如物理學上物質不滅之原則，每有所造，輒留一不可拂拭之痕迹以詒諸後。但有時爲他種勢力所遮抑，其迹全隱，淺見者謂爲已滅；不知其乃在磅礴鬱積中，一遇機緣，則勃發而不能復制。若明季排滿之心理，潛伏二百餘年而盡情發露，斯其顯例也。其二，心的運動，其速率本非物的運動所能比擬，故人類之理想及欲望，常爲自然界所制限。倘使心的經過之對於時間的關係，純與物的經過同一，則人類征服自然，可純依普通之力學法則以行之。惟其不能，故人類常感環境之變化，不能與己之性質相適應。對於環境之不滿足，遂永無了期。歷史長在此種心物交戰的狀態中，次第發展，而兩力之消長，絕無必然的法則以爲之支配。故歷史上進步的事象，什九皆含有革命性；而革命前革命中革命後之史蹟，皆最難律以常軌。結果與預定的計畫相反者，往往而有然；然不能因其相反，遂指爲計畫之失敗。最近民國十年間之歷史，即其切例也。其三，人事之關係既複雜，而人心之動發又極自由，故往往有動機極小而結果極大者，更有結果完全與動機分離而別進展於一方向者。一奧儲之被刺，乃引起全世界五年之大戰爭，并中國而亦牽率焉，誰能料者？中世方士之點金幻想，乃能引起近世極嚴密的化學之進步，誰能料者？瓦特發明蒸汽，乃竟產育現代貧富階級之鬥爭，誰能料者？苻堅欲勤遠略，遣呂光滅龜茲，光師未班而堅已亡；然而光以鳩摩羅什至長安，中國佛教思想之確立，自茲始也。明成祖疑建文遜於南荒，遣鄭和入海求之，無所得而歸；然而和率閩粵子弟南征，中國人始知有南洋群島，海外殖民，自茲始也。苻堅之動機，曷嘗有絲毫爲佛教？成祖之動機，曷嘗有絲毫爲殖民？動機極狹劣，顧乃產出與動機絕不相謀之偉大崇高的結果，可謂大奇。然而何奇之有？使六朝時之中國國民無傳受佛教的可能性，明代中國國民無移殖海外的可能性，則絕非一羅什一鄭和所能強致。既有可能性，則隨時可以發動，而引而致之必藉外緣。其可能性則史家所能逆睹，其外緣則非史家所能逆睹也。

以上所述諸義，吾認爲談歷史因果者，先當注意及之。吾甚惜本講義時間匆促，不能盡吾言，且多爲片段的思想，未經整理。吾所講姑止於此。今當概括前旨，略加補苴，示治史者研究因果之態度及其程序。

第一，當畫出一「史蹟集團」以爲研究範圍。——史蹟集團之名，吾所自創，與一段之「紀事本末」，意義略相近。（本末僅函時間觀念，集團兼函空間觀念。但此名似仍未妥，容更訂定。）以嚴格論，史蹟本爲不可分的，不可斷的。但有時非斷之分之，則研究無所得施。故當如治天體學者畫出某躔度某星座，如治地理學者畫出某高原某平原某流域，凡以爲研究之方便而已。例如法國大革命，一集團也；一九一四至一九一九年之世界大戰，一集團也。範圍廣者，如全世界勞工階級對資產階級之鬥爭史，可以劃爲一集團；範圍狹者，如愛爾蘭區區小島之獨立史可以劃爲一集團。歷時久者，如二千年前中華民族對匈奴交涉始末，可以劃爲一集團；歷時暫者，如一年間洪憲盜國始末，可以劃爲一集團。集團之若何區劃，治史者盡可自由。但有當注意者二事：其一，每集團之函量須較廣較複，分觀之，最少可以覷出一時代間社會一部分之動相。其二，各集團之總和須周遍，合觀之，則各時代全社會之動相皆見也。

第二，集團分子之整理與集團實體之把捉。——所謂「集團分子」者，即組成此史蹟集團之各種史料也。搜輯宜求備，鑑別宜求眞；其方法則前章言之矣。既備且眞，而或去或取，與夫敘述之詳略輕重，又當注意焉；否則殽然雜陳，不能成一組織體也。所謂「集團實體」者，此一群史蹟，合之成爲一個生命——活的，整個的。治史者須將此「整個而活」的全體相，攝取於吾心目中。然茲事至不易：除分析研究外，蓋尚有待於直覺也。

第三，常注意集團外之關係。——以不可分不可斷之史蹟，爲研究方便而強劃爲集團，原屬不得已之事。此一群史蹟不能與他群史蹟脫離關係而獨自存在，亦猶全社會中此一群人常與他群人相依爲命也。故欲明一史蹟集團之眞相，不能不常運眼光於集團以外。所謂集團外者，有時間線之外：例如「五胡亂華」之一史蹟集團，其時間自然當以晉代爲制限；然非知有漢時之保塞匈奴，魏時之三輔徙羌，則全無由見其來歷。此集團外之事也。有空間線之外：例如「辛亥革命」之一史蹟集團，其空間自當以中國爲制限；然非知歐美日本近數十年學說制度變遷之概略，及其所予中國人以刺激，則茲役之全相終不可得見。此又集團之外事也。其他各局部之事象，殆無不交光互影。例如政治與哲學，若甚緣遠，然研究一時代之政治史，不容忘卻當時此地之哲學思想；美術與經濟，若甚緣遠；然研究一時代之美術史，不容忘卻當時此地之經濟狀況。此皆集團以外之事也。

第四，認取各該史蹟集團之「人格者」。——每一集團，必有其「人格者」以爲之骨幹。此「人格者」，或爲一人，或爲數人，或爲大多數人。例如法蘭西帝國時代史，則拿破侖爲惟一之「人格者」。普奧、普法戰史，則俾斯麥等數人爲其「人格者」。至如此次世界大戰，則不能以「人格者」專屬於某某數人，而各國之大多數國民實共爲其「人格者」也。然亦自有分別，倘再將此世界戰史之大集團析爲若干小集團，則在德國發難史之一小集團中，可以認威廉第二爲其「人格者」；在希臘參戰史之一小集團中，可以認威尼柴羅爲其「人格者」；在巴黎議和史一小集團中，可以認克里曼梭、勞特佐治、威爾遜爲其「人格者」也。辛亥革命史，以多數之革命黨人立憲黨人共爲其「人格者」；民國十年來政治史，則袁世凱殆可認爲惟一之「人格者」也。凡史蹟皆多數人共動之產物，固無待言；然其中要有主動被動之別。立於主動地位者，則該史蹟之「人格者」也。辛亥革命，多數黨人爲主動，而黎元洪、袁世凱不過被動，故彼二人非「人格者」；十年來之民國，袁世凱及其游魂爲主動，凡多數助袁敵袁者皆被動，故袁實其「人格者」也。

第五，精研一史蹟之心的基件。——曷爲每一史蹟必須認取其「人格者」耶？凡史蹟皆人類心理所構成，非深入心理之奧以洞察其動態，則眞相末由見也。而每一史蹟之構成心理，恆以彼之「人格者」爲其聚光點。故研究彼「人格者」之素性及其臨時之衝動斷制，而全史蹟之筋脈乃活現。此種研究法，若認定彼「人格者」爲一人或數人，則宜深注意於其個人的特性。因彼之特性，非惟影響於彼個人之私生活，而實影響於多數人之公生活。例如凡爾賽條約，論者或謂可以爲將來世界再戰之火種。而此條約之鑄一大錯，則克里曼梭、勞特佐治、威爾遜三人之性格及頭腦，最少亦當爲其原因之一部；故此三人特性之表現，其影響乃及於將來世界也。又如袁世凱，倘使其性格稍正直或稍庸懦，則十年來之民國局面或全異於今日，亦未可知；故袁世凱之特性，關係於其個人運命者猶小，關係於中國人運命者甚大也。史家研究此類心理，最要者爲研究其吸射力之根源。其在聖賢豪傑，則觀其德量之最大感化性，或其情熱之最大摩蕩性。其在元凶巨猾，則觀其權術之最大控弄性，或觀其魔惡之最大誘染性。從此處看得眞切，則此一團史蹟之把鼻，可以捉得矣。

其在「多數的人格者」之時，吾儕名之曰民族人格，或階級人格、黨派人格。吾儕宜將彼全民族全階級全黨派看做一個人，以觀察其心理。此種「人格者」，以其意識之覺醒，覘其人格之存在；以其組織之確立，覘其人格之長成；以其運動之奮迅，覘其人格之擴大；以其運動之衰息、組織之渙散、意識之沉睡，覘其人格之萎病或死亡。愛爾蘭人成一民族的人格，猶太人未能，猶太人民族建國的意識不一致也。歐美勞工，成一階級的人格，中國未能，中國勞工並未有階級意識也。中國十年來所謂政黨，全不能發現其黨派的人格，以其無組織無運動也。治西洋史者，常以研究此類集團人格的心理爲第一義；其在中國，不過從半明半昧的意識中，偶睹其人格的胎影而已。

研究史之心的基件，則正負兩面，皆當注意。凡「人格者」無論爲個人爲集團，其能演成史蹟者，必其人格活動之擴大也。其所以能擴大之故，有正有負：所謂正者，活動力昂進，能使從前多數反對者或懷疑者之心理皆翕合於我心理。在歐美近代，無論政治上、宗教上、學藝上，隨處皆此力之彌滿。其在中國，則六朝唐之佛教運動，最其顯列。次則韓歐等之古文學運動、宋明兩代之理學運動、清代之樸學運動，及最近之新文化運動，皆含此意。惟政治上極闕如，清末曾國藩、胡林翼等略近之，然所成就殊少；現代所謂政黨，其方向則全未循此以行也。所謂負者，利用多數人消極苟安的心理，以圖自己之擴大。表面上極似全國心理翕聚於此一點，實則其心理在睡眠狀態中耳。中國二千年政治界之偉物，大率活動於此種心理狀態之上，此實國民心理之病徵也。雖然，治史者不能不深注意焉；蓋中國史蹟之所以成立，大半由是也。

第六，精研一史蹟之物的基件。——物的基件者，如吾前所言：「物的運動不能與心的運動同其速率」。倘史蹟能離卻物的制約而單獨進行，則所謂「烏托邦」「華藏世界」者，或當早已成立。然而在勢不能爾爾。故心的進展，時或被物的勢力所堵截而折回；或爲所牽率而入於其所不豫期之歧路；直待漸達心物相應的境界，然後此史蹟乃成熟。物者何？謂與心對待的環境。詳言之，則自然界之狀況，以及累代遺傳成爲固形的之風俗、法律，與夫政治現象經濟現象，乃至他社會之物的心的抵抗力，皆是也。非攻寢兵之理想，中外賢哲倡之數千年，曷爲而始終不得實現？辛亥革命，本懸擬一「德謨克拉西」的政治以爲鵠，曷爲十年以來適得其反？歐洲之社會主義，本濫觴於百年以前，曷爲直至歐戰前後乃始驟盛？物的基件限之也。假使今之日本移至百年以前，必能如其所欲，效滿洲之入主中國；假使袁世凱生在千數百年前，必能如其所欲，效曹操、司馬之懿之有天下；然而皆不能者，物的基件限之也。吾前屢言矣：「凡史蹟皆以『當時』『此地』之兩觀念而存在。」故同一之心的活動，易時易地而全異其價値，治史者不可不深察也。

第七，量度心物兩方面可能性之極限。——史之開拓，不外人類自改變其環境。質言之，則心對於物之征服也。心之征服的可能性有極限耶？物之被征服的可能性有極限耶？通無窮的宇宙爲一歷史，則此極限可謂之無。若立於「當時」「此地」的觀點上，則兩者俱有極限明矣。在雙極限之內，則以心的奮進程度與物的障礙程度強弱比較，判歷史前途之歧向。例如今日中國政治，若從障礙力方面欲至於恢復帝制，此其不可能者也；若從奮進力方面欲立變爲美國的德謨克拉西，亦其不可能者也。障礙力方面之極限，則可以使惰氣日積，舉國呻吟憔悴，歷百數十年，甚者招外人之監督統治。奮進力方面之極限，則可以使社會少數優秀者覺醒，克服袁世凱之游魂，在「半保育的」政策之下，歷若干年，成立多數政治。史家對於將來之豫測，可以在此兩可能性之大極限中，推論其果報之極限。而予國民以一種暗示，喚醒其意識而使知所擇，則良史之責也。

第八，觀察所緣。——有可能性謂之因，使此可能性觸發者謂之緣。以世界大戰之一史團而論：軍國主義之猖獗，商場競爭之酷劇，外交上同盟、協約之對抗……等等，皆使大戰有可能性，所謂因也；奧儲被刺，破壞比利時中立，潛艇無制限戰略……等等，能使此可能性爆發或擴大，所謂緣也。以辛亥革命之一史團而論：國人種族觀念之鬱積，晚清政治之腐惡及威信之失墜，新思潮之輸入……等等，皆使革命有可能性，所謂因也；鐵路國有政策之高壓，瑞澂之逃遁，袁世凱之起用，能使此可能性爆發或擴大，所謂緣也。因爲史家所能測知者，緣爲史家所不能測知者。治史者萬不容誤緣爲因，然無緣則史蹟不能現，故以觀所緣終焉。

因果之義，晰言之當云因緣果報。一史蹟之因緣果報，恆複雜幻變至不可思議。非深察而密勘之，則推論鮮有不謬誤者。今試取義和團事件爲例，供研究者參考焉。

義和團事件之起，根於歷史上遺傳之兩種心理：其一，則排外的心理。此種心理，出於國民之自大性及自衛性，原屬人類所同然。惟中國則已成爲畸形的發達，千年以來科舉策論家之尊王攘夷論，純然爲虛憍的非邏輯的。故無意識且不徹底的排外，形成國民性之一部。其二，則迷信的心理。因科學思想缺乏之故，種種迷信，支配民心之勢力甚大；而野心家常利用之以倡亂。自漢末之五斗米道，以迄明清間白蓮教匪等，其根株蟠積愚民社會間者甚厚，乘間輒發。此兩種心理，實使義和團有隨時爆發的可能性。此「因」之在心的方面者也。

雖有此兩種心理，其性質完全爲潛伏的；苟環境不宜於彼之發育，彼亦終無由自遂。然而清季之環境，實有以滋釀之。其一，則外力之壓迫。自鴉片戰爭以後，覬閱既多，受侮不少。其中天主教會在內地專橫，尤予一般人民以莫大之積憤。其二，則政綱之廢弛。自洪楊構亂以後，表面上雖大難削平，實際上仍伏莽遍地，至光緒間而老成凋謝，朝無重臣，國事既專決於一陰鷙之婦人，而更無人能匡救其失。在此兩種環境之下，實使義和團有當時爆發的可能性。此「因」之在境的方面者也。

因雖夙具，然非衆緣湊泊，則事實不能現。所謂緣者，有親緣（直接緣），有間緣（間接緣）。義和團之親緣有二：其一，則社會革新運動之失敗；其二，則宮廷陰謀之反撥也。此二者又各有其複雜之間緣。社會革新運動，自有其心理上之可能性，茲不多述。其所以覺醒而督促之者，則尤在外交壓迫之新形勢。其一，爲日本新著手之大陸政策；其二，爲俄國積年傳來之東侵政策；其三，爲德國遠東發展政策。（此政策復含兩種意味：一德國自己發展；二德國誘助俄國東侵，冀促成日俄之戰或英俄之戰，以減殺俄法同盟勢力，緩和歐洲形勢。）以此三種外緣，故甲午戰敗，日本據遼，三國干涉還遼，而膠州、旅順、威海之租借隨之，瓜分之局，咄咄逼人。於是變法自強之論，驟興於民間；而其動力遂及德宗，無端與清室宮廷問題發生聯帶關係。宮廷問題，其間緣亦至複雜。其一，清穆宗無子，德宗以支庶入繼，且有爲穆宗立後之約。其二，孝欽后臨朝已二十餘年，新歸政於德宗，德宗既非所生，而思想復與彼不相容，母子之間，猜嫌日積。如是內外新故諸緣湊合，遂有戊戌政變之役。戊戌政變爲義和團之親緣，而上列諸種事實，則其間緣也。

親緣之中，復有主緣，有助緣。戊戌政變爲義和團惟一之主緣，固也。然政變之波瀾，曷爲一轉再轉以至於仇外耶？其一，因康有爲、梁啓超等亡命外國，清廷不解國際法上保護政治犯之先例，誤認維新派人以外國爲後盾。其二，因政變而謀廢立（立端王之子溥儁爲大阿哥），外國公使紛起質問，志不得逞，積怒益深。其三，連年曹州、兗州、沂洲、易洲等教案，鄉民與天主教徒構怨益劇。得此等助緣，而義和團遂起。

因緣和合，「果」斯生焉。此一群史蹟之正果，可分數段。一，山東、直隸團匪之私自組織及蠢動；二，兩省長官之縱容及獎勵；三，北京王大臣之附和；四，甘軍（董福祥）之加入；五，孝欽后以明諭爲之主持，軍匪混化對全世界宣戰；六，前後戕殺教徒及外國人數千；七，戕殺德國公使及日本使館館員；八，毀京津鐵路，圍攻使館。此一幕滑稽劇，在人類史全體中，不得不認爲一種極奇特的病態，以易時易地之人觀測之，幾疑其現實之萬不可能。然吾儕試從心境兩面精密研究，則確能見其因緣所生，歷歷不爽。其在心的方面：苟非民族性有偏畸之點，則不能涵淹卵育此種怪思想，故對於民族性之總根柢，首當研究者一也。拳匪爲發難之主體，而彼輩實爲歷史上之一種祕密社會，故對於此種特別社會，察其群衆心理，考其何以能發生能擴大，此次當研究者二也。發難雖由拳匪，而附和之者實由當時所謂士大夫階級；此階級中，僉壬雖多，而賢者亦非絕無；曷爲能形成一種階級心理，在此問題之下一致行動？此次當研究者三也。孝欽后爲全劇之主人翁，非深察其人之特別性格及其當時心理之特別動態，則事象之源泉不可得見，此次當研究者四也。其在境的方面：非專制政治之下，此種怪象末由發生，此數千年因襲之政體，次當研究者五也。有英明之君主或威重謇諤之大臣，則禍亦可以不起，此當時之政象，次當研究者六也。非有維新派之銳進，不能召此反動；維新派若能在社會上確占勢力，則反動亦不能起，此對面抵抗力之有無強弱，次當研究者七也。非國外周遭形勢如前文所云云，則亦不至煎迫以成此舉，此世界政局之潮流，次當研究者八也。經過此八方面之研究，則義和團一段史蹟，何故能於「當時」「此地」發生，可以大明。

有果必報。義和團所得業報如下：一，八國聯軍入京，兩宮蒙塵。二，東南各督撫聯約自保，宣告中立。三，俄軍特別行動占領東三省。四，締結辛丑條約，賠款四百五十兆，且承認種種苛酷條件。五，德宗不廢，但政權仍在孝欽。六，孝欽迎合潮流，舉行當時所謂新政，如練兵興學等事。此義和團直接業報之要點也。由直接業報復產出間接業報，以次演成今日之局。

就理論上言之，義和團所產業報有三種可能性。其一，各國瓜分中國或共同管理。其二，漢人自起革命，建設新政府。其三，清廷大覺悟，厲行改革。然事實上皆以種種條件之限制，不能辦到。其第一種，以當時中國人抵抗力之缺乏，故有可能性；然各國力量不及，且意見不一致，故不可能。其第二種，以人民厭惡滿洲既久，且列國渴望得一新政府與之交涉，故有可能性；然民間革命黨，無組織、無勢力；其有力之封疆大吏，又絕無此種心理；故不可能。其第三種，因前兩種既不能辦到，而經此創巨痛深之後，副人民望治之心，其勢甚順，故有可能性；然孝欽及清廷諸臣，皆非其人，故不可能。治史者試先立一可能性之極限，而觀其所以不能之由，則於推論之術，思過半矣。

因緣生果，果復爲因，此事理當然之程序也。義和團直接業報，更間接產種種之果。就對外關係論：第一，八國聯軍雖撤退，而東三省之俄軍遷延不撤。卒因此引起日俄戰爭，致朝鮮完全滅亡，而日本在南滿取得今日之特殊地位。第二，當匪勢正熾時，日本藉端與英國深相結納，首由英提議勸日本就近出重兵，是爲英日接近之第一步。其後我國爲應付俄軍起見，議結所謂中俄密約者；雖卒未成立，然反因此促英日同盟之出現。而此英日同盟，遂被利用於此次歐洲大戰，使日本國際地位昂進；而目前關係國命之山東問題，即從此起。第三，重要之中央財源，如海關稅等，悉供償債之用。因此各外國銀行，攫得我國庫權之一部分，遂啓後此銀行操縱全國金融之端緒。此其犖犖大者也。就內政關係論：第一，排外的反動，一變爲媚外，將國民自尊自重之元氣，斲喪殆盡；此爲心理上所得最大之惡影響。第二，經此次劇烈的激刺，社會優秀分子，漸從守舊頑夢中得解放，以次努力，求取得「世界人」「現代人」的資格，此爲心理上所得最大的良影響。此兩種影響，乃從國民性根柢上加以搖動，此兩歧路之發展的可能性皆極大，在今日殊未能測其變化之所屆。第三，東南互保，爲地方對中央獨立開一先例。此後封疆權力愈重，尾大不掉，故辛亥革命，起於地方而中央瓦解，此趨勢直至今日，而愈演愈劇。第四，袁世凱即以東南互保中之一要人，漸取得封疆領袖的資格（直隸總督北洋大臣），蓄養其勢力，取清室而代之。第五，回鑾後以媚外故，而行敷衍門面的新政，一方面自暴白其前此之愚迷及罪惡，增人輕蔑；一方面表示其無誠意的態度，令人絕望。第六，此種敷衍的新政，在清廷固無誠意，然國人觀聽已爲之一變，就中留學生數目激增，尤爲國民覺醒最有力之一媒介，海外學校，遂變爲革命之策源地。第七，新政之最積極進行者爲練兵；而所謂新軍者，遂爲革命派所利用，爲袁世凱所利用，卒以覆清祚。第八，以大賠款及舉辦新政之故，財政日益竭蹶，專謀藉外債以爲挹注，其後卒以鐵路大借款爲革命之直接導火線。右所舉第三項至第八項，皆爲義和團業報所演，同時即爲辛亥革命之親緣或間緣。於是而一「史蹟集團」遂告終焉。

吾不憚繁重，詳舉此例，將借一最近之史蹟其資料比較的豐富且確實者，示吾儕運用思想，推求因果，所當遵之途徑爲何如。此區區一史蹟，其活動時間，不過半年；其活動地域，不過數百里。而欲說明其因緣果報之關係，其廣遠複雜乃至如是。學者舉一反三，則於鑑往知來之術，雖不中，不遠矣。

研究文化史的幾個重要問題

——對於舊著《中國歷史研究法》之修補及修正

前回已經把文化的概念和內容說過，文化史是敘述文化的，懂得文化是什麼，自然也懂得文化史是什麼，似乎不用再詞費。但我覺得前人對於歷史的觀念有許多錯誤，對於文化史的範圍尤其不正確，所以還要提出幾個問題來討論一番。

第一　史學應用歸納研究法的最大效率如何

現代所謂科學，人人都知道是從歸納研究法產生出來，我們要建設新史學，自然也離不了走這條路。所以我舊著《中國歷史研究法》極爲提倡這一點，最近所講演〈歷史統計學〉等篇也是這一路精神。但我們須知道，這種研究法的效率是有限制的。簡單說，整理史料要用歸納法，自然毫無疑義，若說用歸納法就能知道「歷史其物」，這卻太不成問題了。歸納法最大的工作是求「共相」，把許多事物相異的屬性剔去，相同的屬性抽出，各歸各類，以規定該事物之內容及行歷何如。這種方法應用到史學，卻是絕對不可能。爲什麼呢？因爲歷史現象只是「一躺過」，自古及今，從沒有同鑄一型的史蹟。這又爲什麼呢？因爲史蹟是人類自由意志的反影，而各人自由意志之內容，絕對不會從同。所以史家的工作和自然科學家正相反，專務求「不共相」。倘若把許多史蹟相異的屬性剔去，專抽出那相同的屬性，結果便將史的精魂剝奪淨盡了。因此，我想歸納研究法之在史學界其效率只到整理史料而止，不能更進一步。然則把許多「不共相」堆疊起來，怎麼能成爲一種有組織的學問？我們常說歷史是整個的，又作何解呢？你根問到這一點嗎？依我看，什有九要從直覺得來，不是什麼歸納演繹的問題，這是歷史哲學裏頭的最大關鍵。我現在還沒有研究成熟，等將來再發表意見罷。

第二　歷史裏頭是否有因果律

這條和前條只是一個問題，應該一貫的解決。原來，因果律是自然科學的命脈，從前只有自然科學得稱爲科學，所以治科學離不開因果律，幾成爲天經地義。談學問者往往以「能否從該門學問中求出所含因果公例」爲「該門學問能否成爲科學」之標準，史學向來並沒有被認爲科學，於是治史學的人因爲想令自己所愛的學問取得科學資格，便努力要發明史中因果，我就是這裏頭的一個人。我去年著的《中國歷史研究法》內中所下歷史定義便有「求得其因果關係」一語，我近來細讀立卡兒特著作，加以自己深入反覆研究，已經發覺這句話完全錯了！我前回說過，「宇宙事物可中分爲自然、文化兩系，自然系是因果律的領土，文化系是自由意志的領土。」（看《什麼是文化》）兩系現象，各有所依，正如鱗潛羽藏，不能相易亦不必相羨。歷史爲文化現象複寫品，何必把自然科學所用的工具扯來裝自己門面？非惟不必，抑且不可。因爲如此便是自亂法相，必至進退失據。當我著《歷史研究法》時，爲這個問題著實惱亂我的頭腦。我對於史的因果很懷疑，我又不敢撥棄它，所以那書裏頭有一段說道：

> 若欲以因果律絕對的適用於歷史，或竟為不可能的而且有害的，亦未可知。何則？歷史為人類心力所造成，而人類心力之動，乃極自由而不可方物，心

力既非物理的或數理的因果律所能完全支配。則其所產生之歷史，自亦與之同一性質。今必強懸此律以馭歷史，其道將有時而窮，故曰不可能。不可能而強應用之，將反失歷史之真相，故曰有害也。然則吾儕竟不談因果可乎！曰：斷斷不可！……（原著一七六葉）

我現在回看這篇舊著，覺得有點可笑。既說「以因果律馭歷史不可能而且有害」，何以又說「不談因果斷斷不可」？我那時候的病根因爲認定因果律是科學萬不容缺的屬性，不敢碰它，所以有這種矛盾不徹底的見解。當時又因爲調和這種見解，所以另外舉出歷史因果律與自然科學因果律不同的三點，（原著一七七至一七九葉）其實照那三點說來，是否還可以名之爲因果律已成疑問了。我現在要把前說修正，發表目前所見如下：

因果是什麼？「有甲必有乙，必有甲才能有乙，於是命甲爲乙之因，命乙爲甲之果」。所以因果律也叫作「必然的法則」。（科學上還有所謂「蓋然的法則」，不過「必然性」稍弱耳，本質仍相同）「必然」與「自由」是兩極端，既必然便沒有自由，既自由便沒有必然，我們既承認歷史爲人類自由意志的創造品，當然不能又認他受因果必然法則的支配，其理甚明。

再檢查一檢查事實，更易證明。距今二千五百年前，我們人類裏頭產出一位最偉大的人物名曰佛陀。爲什麼那個時候會產生佛陀？試拿這問題來考試一切史家，限他說出那「必然」的原因，恐怕無論什麼人都要交白卷。這還罷了，佛陀本是一位太子，物質上快樂盡夠享用，原可以不出家。爲什麼他要出家？出家成道後，本來可以立刻「般涅槃」，享他的精神快樂，爲什麼他不肯如彼，偏要說四十九年的法？須知倘使佛陀不出家，或者成道後不肯說法，那麼世界上便沒有佛教，我們文化史上便缺短了這一件大遺產。試問有什麼必然的因果法則支配佛陀令其必出家、必說法？一點兒也沒有，只是赤裸裸的憑佛陀本人的意志自由創造。須知不但佛陀和佛教如此，世界上大大小小的文化現象沒有一件不是如此。欲應用自然科學上因果律求出他「必然的因」，可是白費心了。

「果」的方面也是如此。該撒之北征雅里亞（今法蘭西一帶地），本來爲對付內部綳標[1]一派的陰謀，結果倒成了羅馬統一歐洲之大業的發軔；明成祖派鄭和入海，他之目的不過想訪拿建文，最多也不過爲好大喜功之一念所衝動，然而結果會生出閩粵人殖民南洋的事業。歷史上無論大大小小都是如此，從沒有一件可以預先算準那「必然之果」，爲什麼呢？因爲人類自由意志最是不可捉摸的。他正從這方向創造，說不定一會又移到那方向創造去，而且一個創造又常常引起（或不引起）第二、第三……個創造。你想拿玻璃管裏加減原素那種頑意來測量歷史上必然之果，豈不是痴人說夢嗎？

所以，歷史現象最多只能說是「互緣」，不能說是因果。互緣怎麼解呢？謂互相爲緣。佛

---

1 今通譯龐培。

典上常說的譬喻，「相待如交蘆」，這件事和那件事有不斷的聯帶關係，你靠我、我靠你才能成立，就在這種關係狀態之下，前波後波銜接動盪，便成一個廣大淵深的文化史海。我們做史學的人只要專從這方面看出歷史的「動相」和「不共相」，倘若拿「靜」的「共」的因果律來鑿四方眼，那可糟了。

然則全部歷史裏頭竟自連一點因果律都不能存在嗎？是又不然。我前回說過，文化總量中含有文化種、文化果兩大部門。文化種是創造活力，純屬自由意志的領域，當然一點也不受因果律束縛。文化果是創造力的結晶，換句話說，是過去的「心能」，現在變爲「環境化」。成了環境化之後，便和自然系事物同類，入到因果律的領域了，這部分史料我們盡可以拿因果律駕馭它。

第二　歷史現象是否為進化的

我對於這個問題本來毫無疑義，一直都認爲是進化的，現在也並不曾肯拋棄這種主張，但覺得要把內容重新規定一回。

孟子說：「天下之生久矣，一治一亂。」這句話可以說是代表舊史家之共同觀念，我向來最不喜歡聽這句話，（記得二十年前在《新民叢報》裏頭有幾篇文章很駁他）因爲和我所信的進化主義不相容。但近來我也不敢十分堅持了。我們平心一看，幾千年中國歷史是不是一治一亂的在那裏循環？何止中國，全世界只怕也是如此。埃及呢，能說現在比「三十王朝」的時候進化嗎？印度呢，能說現在比《優波尼沙曇》成書，釋迦牟尼出世的時候進化嗎？說孟子、荀卿一定比孔子進化，董仲舒、鄭康成一定比孟荀進化，朱熹、陸九淵一定比董鄭進化，顧炎武、戴震一定比朱陸進化，無論如何恐說不去。說陶潛比屈原進化，杜甫比陶潛進化，但丁比荷馬進化，索士比亞比但丁進化，擺倫[2]比索士比亞進化；說黑格兒比康德進化，倭鏗、柏格森、羅素比黑格兒進化：這些話都從那裏說起。又如漢唐宋明清各朝政治比較，是否有進化不進化之可言？亞歷山大、該撒、拿破侖等輩人物比較，又是否有進化不進化之可言？所以從這方面找進化的論據，我敢說一定全然失敗完結。

從物質文明方面說嗎？從漁獵到游牧，從游牧到耕稼，從耕稼到工商，乃至如現代所有之幾十層高的洋樓、幾萬里長的鐵道，還有什麼無線電、飛行機、潛水艇……等等，都是前人所未曾夢見。許多人得意極了，說是我們人類大大進化，雖然細按下去，對嗎？第一，要問這些物質文明於我們有什麼好處。依我看，現在點電燈、坐火船的人類所過的日子，比起從前點油燈、坐帆船的人類實在看不出有什麼特別舒服處來。第二，要問這些物質文明是否得著了過後再不會失掉。中國「千門萬戶」的未央宮，三個月燒不盡的咸陽城，推想起來，雖然不必像現代的紐約、巴黎，恐怕也有它的特別體面處，如今那裏去了呢？羅馬帝國的繁華，雖然我們不能看見，看發掘出來的建築遺址，只有令現代人嚇死羞死，如今又都往那裏去了呢？遠的且不必說，維也納、

2 今通譯拜倫。

聖彼得堡戰前的勢派，不過隔五六年，如今又都往那裏去了呢？可見，物質文明這樣東西，根柢脆薄得很，霎時間電光石火一般發達，在歷史上原値不了幾文錢，所以拿這些做進化的證據，我用佛典上一句話批評它：「說爲可憐愍者。」

現在講學社請來的杜里舒，前個月在杭州講演，也曾談到這個問題。他大概說，「凡物的文明，都是堆積的非進化的，只有心的文明是創造的進化的。」又說，「彀得上說進化的只有一條『智識線』。」他的話把文化內容說得太狹了，我不能完全贊成。雖然，我很認他含有幾分眞理。我現在並不肯撤銷我多年來歷史的進化的主張，但我要參酌杜氏之說，重新修正進化的範圍。我以爲歷史現象可以確認爲進化者有二：

一、人類平等及人類一體的觀念，的確一天比一天認得眞切，而且事實上確也著著向上進行。

二、世界各部分人類心能所開拓出來的「文化共業」永遠不會失掉，所以我們積儲的遺產的確一天比一天擴大。

只有從這兩點觀察，我們說歷史是進化，其餘只好編在「一治一亂」的循環圈內了。但只須這兩點站得住，那麼，歷史進化說也盡夠成立哩。

以上三件事，本來同條共貫，可以通用一把鑰匙來解決它。總結一句，歷史爲人類活動所造成。而人類活動有兩種，一種是屬於自然系者，一種是屬於文化系者。分配到這三個問題，得表如下：

	自然系的活動	文化系的活動
第一題	歸納法研究得出	歸納法研究不出
第二題	受因果律支配	不受因果律支配
第三題	非進化的性質	進化的性質

新史學

中國之舊史[1]

於今日泰西通行諸學科中，爲中國所固有者，惟史學。史學者，學問之最博大而最切要者也，國民之明鏡也，愛國心之源泉也。今日歐洲民族主義所以發達，列國所以日進文明，史學之功居其半焉。然則但患其國之無茲學耳；苟其有之，則國民安有不團結，群治安有不進化者！雖然，我國茲學之盛如彼，而其現象如此，則又何也？

今請舉中國史學之派別，表示之而略論之：

史學
- 第一　正史
  - （甲）官書　所謂「二十四史」是也。
  - （乙）別史　如華嶠《後漢書》、習鑿齒《蜀漢春秋》、《十六國春秋》、《華陽國志》、《元秘史》等，其實皆正史體也。
- 第二　編年《資治通鑑》等是也。
- 第三　紀事本末
  - （甲）通體　如《通鑑紀事本末》、《繹史》等是也。
  - （乙）別體　如平定某某方略、《三案始末》等是也。

1 在《新民叢報》刊出時，題目前原有「第一章」字樣。

史學

- 第四　政書
  - （甲）通體　如《通典》、《文獻通考》等是也。
  - （乙）別體　如《唐開元禮》、《大清會典》、《大清通禮》等是也。
  - （丙）小紀　如《漢官儀》等是也。
- 第五　雜史
  - （甲）綜記　如《國語》、《戰國策》等是也。
  - （乙）瑣記　如《世說新語》、《唐代叢書》、《明季稗史》等是也。
  - （丙）詔令奏議　《四庫》另列一門，其實雜史耳。
- 第六　傳記
  - （甲）通體　如《滿漢名臣傳》、《國朝先正事略》等是也。
  - （乙）別體　如某帝實錄、某人年譜等是也。
- 第七　地志
  - （甲）通體　如各省通志、《天下郡國利病書》等是也。
  - （乙）別體　如紀行等書是也。
- 第八　學史　如《明儒學案》、《國朝漢學師承記》等是也。
- 第九　史論
  - （甲）理論　如《史通》、《文史通義》等是也。
  - （乙）事論　如歷代史論、《讀通鑑論》等是也。
  - （丙）雜論　如《廿二史劄記》、《十七史商榷》等是也。
- 第十　附庸
  - （甲）外史　如《西域圖考》、《職方外紀》等是也。
  - （乙）考據　如《禹貢圖考》等是也。
  - （丙）注釋　如裴松之《三國志注》等是也。

都為十種二十二類

試一翻四庫之書，其汗牛充棟浩如煙海者，非史學書居十六七乎？上自太史公、班孟堅，下至畢秋帆、趙甌北，以史家名者不下數百。茲學之發達，二千年於茲矣，然而陳陳相因，一丘之貉，未聞有能為史界闢一新天地，而令茲學之功德普及於國民者，何也？吾推其病源，有四端焉：

一曰**知有朝廷而不知有國家**　吾黨常言，二十四史非史也，二十四姓之家譜而已。其言似稍過當，然按之作史者之精神，其實際固不誣也。吾國史家，以為天下者君主一人之天下，故其為史也，不過敘某朝以何而得之，以何而治之，以何而失之而已，捨此則非所聞也。昔人謂《左傳》為「相斫書」，豈惟《左傳》，若二十四史，眞可謂地球上空前絕後之一大相斫書也。雖以司馬溫公之賢，其作《通鑑》，亦不過以備君王之瀏覽。（其論語無一非忠告君主者。）蓋從來作史者，皆為朝廷上之君若臣而作，曾無有一書為國民而作者也。其大弊在不知朝廷與國家之分別，以為捨朝廷外無國家。於是乎有所謂正統閏統之爭論，有所謂鼎革前後之筆法，如歐陽之《新五代史》，朱子之《通鑑綱目》等。今日盜賊，明日聖神；甲也天命，乙也僭逆。正如群蛆啄矢，爭其甘苦；狙公賦芧，辨其四三；自欺欺人，莫此為甚！吾中國國家思想，至今不能興起者，數千年之史家，豈能辭其咎耶！

二曰**知有個人而不知有群體**　歷史者，英雄之舞臺也，捨英雄幾無歷史。雖泰西良史，亦豈能不置重於人物哉！雖然，善為史者，以人物為歷史之材料，不聞以歷史為人物之畫像；以人物為時代之代表，不聞以時代為人物之附屬。中國之史，則本紀、列傳，一篇一篇，如海岸之石，亂堆錯落。質而言之，則合無數之墓誌銘而成者耳。夫所貴乎史者，貴其能敘一群人相交涉競爭相團結之道，能述一群人所以休養生息同體進化之狀，使後之讀者，愛其群善其群之心，油然生焉。今史家多於鯽魚，而未聞有一人之眼光，能見及此者。此我國民之群力群智群德，所以永不發生，而群體終不成立也。

三曰知有陳迹而不知有今務　凡著書貴宗旨。作史者將爲若干之陳死人作紀念碑耶？爲若干之過去事作歌舞劇耶？殆非也。將使今世之人，鑑之裁之，以爲經世之用也。故泰西之史，愈近世則記載愈詳。中國不然，非鼎革之後，則一朝之史，不能出現。又不惟正史而已，即各體莫不皆然。故溫公《通鑑》，亦起戰國而終五代。果如是也，使其朝自今以往，永不易姓，則史不其中絕乎？使如日本之數千年一系，豈不並史之爲物而無之乎？太史公作《史記》，直至《今上本紀》，且其記述，不少隱諱焉，史家之天職然也。後世專制政體，日以進步，民氣學風，日以腐敗，其末流遂極於今日。推病根所從起，實由認歷史爲朝廷所專有物，捨朝廷外無可記載故也。不然，則雖有忌諱於朝廷，而民間之事，其可記者不亦多多乎，何並此而無也？今日我輩欲研究二百六十八年以來之事實，竟無一書可憑借，非官牘鋪張循例之言，則口碑影響疑似之說耳。時或藉外國人之著述，窺其片鱗殘甲。然甲國人論乙國之事，例固百不得一，況吾國之向閉關不與人通者耶！於是乎吾輩乃窮。語曰：知古而不知今，謂之陸沉。夫陸沉我國民之罪，史家實尸之矣。

四曰知有事實而不知有理想　人身者，合四十餘種原質而成者也，合眼、耳、鼻、舌、手足、臟腑、皮毛、筋絡、骨節、血輪、精管而成者也。然使採集四十餘種原質，作爲眼、耳、鼻、舌、手足、臟腑、皮毛、筋絡、骨節、血輪、精管無一不備，若是者，可謂之人乎？必不可。何則？無其精神也。史之精神爲何？曰理想是已。大群之中有小群，大時代之中有小時代。而群與群相際，時代與時代之相續，其間有消息焉，有原理焉。作史者苟能勘破之，知其以若彼之因，故生若此之果，鑑既往之大例，示將來之風潮，然後其書乃有益於世界。今中國之史，但呆然曰：某日有甲事，某日有乙事。至其事之何以生，其遠因何在，近因何在，莫能言也。其事之影響於他事或他日者若何，當得善果，當得惡果，莫能言也。故汗牛充棟之史書，皆如蠟人院之偶像，毫無生氣，讀之徒費腦力。是中國之史，非益民智之具，而耗民智之具也。

以上四者，實數千年史家學識之程度也。緣此四蔽，復生二病：

其一能鋪敘而不能別裁。英儒斯賓塞曰：「或有告者曰，鄰家之貓，昨日產一子。以云事實，誠事實也，然誰不知爲無用之事實乎！何也？以其與他事毫無關涉，於吾人生活上之行爲，毫無影響也。然歷史上之事迹，其類是者正多。能推此例以讀書觀萬物，則思過半矣。」此斯氏教人以作史讀史之方也。泰西舊史家，固不免之；而中國殆更甚焉。某日日食也，某日地震也，某日冊封皇子也，某日某大臣死也，某日有某詔書也，滿紙填塞，皆此等鄰貓生子之事實。往往有讀盡一卷，而無一語有入腦之價值者。就中如《通鑑》一書，屬稿十九年，別擇最稱精善。然今日以讀西史之眼讀之，覺其有用者，亦不過十之二三耳，（《通鑑》載奏議最多，蓋此書專爲格君而作也。吾輩今日讀之，實嫌其冗。）其他更何論焉！至如《新五代史》之類，以別裁自命，實則將大事皆刪去，而惟存鄰貓生子等語，其可厭不更甚耶！故今日欲治中國史學，眞有無從下手之慨。二十四史也，九通也，《通鑑》、《續通鑑》也，《大清會典》、《大清通禮》也，十朝實錄、十朝聖訓也，此等書皆萬不可不讀，不讀其一則罣漏正多。然盡此數書而讀之，日讀十卷，已非三四十年不爲功矣。況僅讀此數書，而絕不能足用，勢不可不於前所列十種二十二類者一一涉獵之。（雜史、傳志、劄記等所載，常有有用過於正史者。何則？彼等常載民間風俗，不似正史專爲帝王作家譜也。）人壽幾何，何以堪此！故吾中國史學智識之不能普及，皆由無一善別裁之良史故也。

其二能因襲而不能創作。中國萬事，皆取述而不作主義，而史學其一端也。細數二千年來史家，其稍有創作之才者，惟六人：一曰太史公，誠史界之造物主也。其書亦常有國民思想，如項羽而列諸本紀，孔子、陳涉而列諸世家，儒林、游俠、刺客、貨殖而爲之列傳，皆有深意存焉。其爲立傳者，大率皆於時代極有關係之人也。而後世之效顰者，則胡爲也？二曰杜君卿。《通典》之作，不記事而記制度。制度於國民全體之關係，有重於事焉者也。前此所無，而杜創之，雖其完備不及《通考》，然創作之功，馬何敢望杜耶！三曰鄭漁仲。夾漈之史識，卓絕千古，而史才不足以稱之。其《通志·二十略》，以論斷爲主，以記述爲輔，實爲中國史界放一光明也。惜其爲太史公範圍所困，以紀傳十之七八，塡塞全書，支床疊屋，爲大體玷。四曰司馬溫公。《通鑑》亦天地一大文也，其結構之宏偉，其取材之豐贍，使後世有欲著通史者，勢不能不據爲藍本，而至今卒未有能逾之者焉。溫公亦偉人哉！五曰袁樞。今日西史，大率皆紀事本末之體也。而此體在中國，實惟袁樞創之，其功在史界者亦不少。但其著《通鑑紀事本末》也，非有見於事與事之相聯屬，而欲求其原因結果也，不過為讀《通鑑》之方便法門，著此以代抄錄云爾。雖為創作，實則無意識之創作，故其書不過為《通鑑》之一附庸，不能使學者讀之有特別之益也。六曰黃梨洲。黃梨洲著《明儒學案》，史家未曾有之盛業也。中國數千年惟有政治史，而其他一無所聞。梨洲乃創為學史之格，使後人能師其意，則中國文學史可作也，中國種族史可作也，中國財富史可作也，中國宗教史可作也。諸類此者，其數何限！梨洲既成《明儒學案》，復為《宋元學案》，未成而卒。使假以十年，或且有《漢唐學案》、《周秦學案》之宏著，未可料也。梨洲誠我國思想界之雄也。若夫此六君子以外，（袁樞實不能在此列。）則皆所謂公等碌碌，因人成事。《史記》以後，而二十一部皆刻畫《史記》；《通典》以後，而八部皆摹仿《通典》；何其奴隸性至於此甚耶！若琴瑟之專壹，誰能聽之？以故每一讀輒惟恐臥，而思想所以不進也。

合此六弊，其所貽讀者之惡果，厥有三端：一曰難讀。浩如煙海，窮年莫殫，前既言之矣。二曰難別擇。即使有暇日，有耐性，遍讀應讀之書，而苟非有極敏之眼光，極高之學識，不能別擇其某條有用某條無用，徒枉費時日腦力。三曰無感觸。雖盡讀全史，而曾無有足以激勵其愛國之心，團結其合群之力，以應今日之時勢而立於萬國者。然則吾中國史學，外貌雖極發達，而不能如歐美各國民之實受其益也，職此之由。

今日欲提倡民族主義，使我四萬萬同胞強立於此優勝劣敗之世界乎，則本國史學一科，實為無老無幼無男無女無智無愚無賢無不肖所皆當從事，視之如渴飲饑食一刻不容緩者也。然遍覽乙庫中數十萬卷之著錄，其資格可以養吾所欲給吾所求者，殆無一焉。嗚呼！史界革命不起，則吾國遂不可救。悠悠萬事，惟此爲大！《新史學》之著，吾豈好異哉？吾不得已也。

史學之界說[1]

欲創新史學，不可不先明史學之界說；欲知史學之界說，不可不先明歷史之範圍。今請析其條理而論述之。

第一、歷史者敘述進化之現象也。現象者何？事物之變化也。宇宙間之現象有二種：一曰爲循環之狀者，二曰爲進化之狀者。何謂循環？其進化有一定之時期，及期則周而復始，如四時之變遷，天體之運行是也。何謂進化？其變化有一定之次序，生長焉，發達焉，如生物界及人間世之現象是也。循環者去而復來者也，止而不進者也；凡學問之屬於此類者，謂之天然學。進化者往而不返者也，進而無極者也；凡學問之屬於此類者，謂之歷史學。天下萬事萬物，皆在空間，又在時間。（空間、時間，佛典譯語，日本人沿用之。若依中國古義，則空間宇也，時間宙也，其語不盡通行，故用譯語。）而天然界與歷史界，實分占兩者之範圍。天然學者，研究空間之現象也；歷史學者，研究時間之現象者也。就天然界以觀察宇宙，則見其一成不變，萬古不易，故其體爲完全，其象如一圓圈；就歷史界以觀察宇宙，則見其生長而不已，進步而不知所終，故其體

1 在《新民叢報》刊出時，題目前原有「第二章」字樣。

爲不完全，且其進步又非爲一直線，或尺進而寸退，或大漲而小落，其象如一螺線。明此理者，可以知歷史之眞相矣。

由此觀之，凡屬於歷史界之學，（凡政治學、群學、平準學、宗教學等，皆近政治界之範圍。）其研究常較難；凡屬於天然界之學，（凡天文學、地理學、物質學、化學等，皆天然界之範圍。）其研究常較易。何以故？天然界已完全者也，來復頻繁，可以推算，狀態一定，可以試驗；歷史學未完全者也，今猶日在生長發達之中，非逮宇宙之末劫，則歷史不能終極。吾生有涯，而此學無涯。此所以天然諸科學，起源甚古，今已斐然大成；而關於歷史之各學，其出現甚後，而其完備難期也。

此界說既定，則知凡百事物，有生長有發達有進步者，則屬於歷史之範圍；反是者則不能屬於歷史之範圍。又如於一定期中，雖有生長發達，而及其期之極點，則又反其始，斯仍不得不以循環目之。如動植物，如人類，雖依一定之次第，以生以成；然或一年，或十年，或百年，而盈其限焉，而反其初焉。一生一死，實循環之現象也。故物理學、生理學等，皆天然科學之範圍，非歷史學之範圍也。

孟子曰：「天下之生久矣，一治一亂。」此誤會歷史眞相之言也。苟治亂相嬗無已時，則歷史之象當爲循環，與天然等，而歷史學將不能成立。孟子此言蓋爲螺線之狀所迷，而誤以爲圓狀；未嘗綜觀自有人類以來萬數千年之大勢，而察其眞方向之所在，徒觀一小時代之或進或退或漲或落，遂以爲歷史之實狀如是云爾。譬之江河東流以朝宗於海者，其大勢也；乃或所見局於一部，偶見其有倒流處，有曲流處，因以爲江河之行，一東一西，一北一南，是豈能知江河之性矣乎！（《春秋》家言，有三統，有三世。三統者，循環之象也。所謂三王之道若循環，周而復始，是也，三世者，進化之象也。所謂據亂、升平、太平，與世漸進，是也。三世則歷史之情狀也，三統則非歷史之情狀也。三世之義，既治者則不能復亂；藉曰有小亂，而必非與前此之亂等也。苟其一治而復一亂，則所謂治者必非眞治也，故言史學者，當從孔子之義，不當從孟子之義。）吾中國所以數千年無良史者，以其於進化之現象，見之未明也。

第二、歷史者，敘述人群進化之現象也。進化之義既定矣；雖然，進化之大理，不獨人類爲然，即動植物乃至無機世界，亦常有進化者存。而通行歷史所記述，常限於人類者，則何以故？此不徒吾人之自私其類而已。人也者，進化之極則也，其變化千形萬狀而不窮者也。故言歷史之廣義，則非包萬有而並載之，不能完成；至語其狹義，則惟以人類爲之界。雖然，歷史之範圍，可限於人類，而人類之事實，不能盡納諸歷史。夫人類亦不過一種之動物耳。其一生一死，固不免於循環；即其日用飲食，言論行事，亦不過大略相等，而無進化之可言。故欲求進化之迹，必於人群。使人人析而獨立，則進化終不可期，而歷史終不可起。蓋人類進化云者，一群之進也，非一人之進也。如以一人也，則今人必無以遠過於古人。語其體魄，則四肢五官，古猶今也；質點血輪，古猶今也。語其性靈，則古代周、孔、柏（柏拉圖）、阿（阿里士多德）之智識能力，必不讓於今人，舉世所同認矣；然往往有周、孔、柏、阿所不能知之理，不能行之事，而今日乳臭小兒知之能之者何也？無他，食群之福，享群之利。藉群力之相接相較相爭相師相摩相蕩相維相繫相傳相嬗，而智慧進焉，而才力進焉，而道德進焉。進也者，人格之群，非尋常之個人也。（人類天性之能力，能隨文明進化之遠而漸次增長與否，此問題頗難決定。試以文明國之一小兒，不許受教育，不許蒙社會之感化，沐文明之恩澤，則其長成能有以異於野蠻國之小兒乎？恐不能也。蓋由動物進而爲人，已爲生理上進化之極點；由小兒進爲成人，已爲生理上進化之極點。然則一個人，殆無進化也；進化者，別超出於個人之上之一人格而已，即人群是也。）然則歷史所最當致意者，惟人群之事。苟其事不關係人群者，雖奇言異行，而必不足以入歷史之範圍也。

疇昔史家，往往視歷史如人物傳者然。夫人物之關係於歷史固也，然所以關係者，亦謂其於一群有影響云爾。所重者在一群，非在一人也。而中國作史者，全反於此目的，動輒以立佳傳爲其人之光寵，馴至連篇累牘，臚列無關世運之人之言論行事，使讀者欲臥欲嘔；雖盡數千卷，猶不能於本群之大勢有所知焉，由不知史之界說限於群故也。

第三、歷史者，敘述人群進化之現象，而求得其公理公例者也。凡學問必有客觀、主觀二界。客觀者，謂所研究之事物也；主觀者，謂能研究此事物之心靈也。（亦名所界、能界。能、所二字，佛典譯語常用爲名詞。）和合二觀，然後學問出焉。史學之客體，則過去現在之事實是也；其主體，則作史讀史者心識中所懷之哲理是也。有客觀而無主觀，則其史有魄無魂，謂之非史焉可也。（偏於主觀而略於客觀者，則雖有佳書，亦不過爲一家言，不得謂之爲史。）是故善爲史者，必研究人群進化之現象，而求其公理公例之所在。於是有所謂歷史哲學者出焉。歷史與歷史哲學雖殊科，要之苟無哲學之理想者，必不能爲良史，有斷然也。雖然，求史學之公理公例，固非易易。如彼天然科學者，其材料完全，其範圍有涯，故其理例亦易得焉。如天文學，如物質學，如化學，所已求得之公理公例不可磨滅者，既已多端；而政治學、群學、宗教學等，則瞠乎其後，皆由現象之繁賾，而未到終點也。但其事雖難，而治此學者不可不勉。大抵前者史家不能有得於是者，其蔽二端：一曰知有一局部之史，而不知自有人類以來全體之史也。或局於一地，或局於一時代。如中國之史，其地位則僅敘述本國耳，於吾國外之現象，非所知也。（前者他國之史亦如是。）其時代則上至書契以來，下至勝朝之末止矣，前乎此，後乎此，非所聞也。夫欲求人群進化之眞相，必當合人類全體而比較之，通古今文野之界而觀察之。內自鄉邑之法團，（凡民間之結集而成一人格之團體者，謂之法團，亦謂之法人。法人者，法律上視之與一個人無異也。一州之州會，一市之市會，乃至一學校、一會館、一公司，皆統名爲法團。）外至五洲之全局，上自穹古之石史，（地質學家從地底僵石中考求人物進化之迹，號曰石史。）下至昨今之新聞，何一而非客觀所當取材者。綜是焉以求其公理公例，雖未克完備，而所得必已多矣。問疇昔之史家，有能焉者否也？二曰徒知有史學，而不知史學與他學之關係也。夫地理學也，地質學也，人種學也，人類學也，言語學也，群學也，政治學也，宗教學也，法律學也，平準學也，（即日本人所謂經濟學。）皆與史學有直接之關係。其他如哲學範圍所屬之倫理學、心理學、論理學、文章學，及天然科學範圍所屬之天文學、物質學、化學、生理學，其理論亦常與史學有間接之關係，何一而非主觀所當憑借者。取諸學之公理公例，而參伍鉤距之，雖未盡適用，而所得又必多矣，問疇昔之史學，有能焉者否也？

夫所以必求其公理公例者，非欲以為理論之美觀而已，將以施諸實用焉，將以貽諸來者焉。歷史者，以過去之進化，導未來之進化者也。吾輩食今日文明之福，是為對於古人已得之權利；而繼續此文明，增長此文明，孳殖此文明，又對於後人而不可不盡之義務也。而史家所以盡此義務之道，即求得前此進化之公理公例，而使後人循其理率其例以增幸福於無疆也。史乎史乎！其責任至重，而其成就至難。中國前此之無眞史家也，又何怪焉！而無眞史家，亦即吾國進化遲緩之一原因也。吾願與同胞國民，篳路藍縷以闢此途也。

以上說「界說」竟。作者初研究史學，見地極淺，自覺其界說尚有未盡未安者；視吾學他日之進化，乃補正之。著者識。

歷史與人種之關係1

歷史者何？敘人種之發達與其競爭而已。捨人種則無歷史。何以故？歷史生於人群，而人之所以能群，必其於內焉有所結，於外焉有所排，是即種界之所由起也。故始焉自結其家族以排他家族，繼焉自結其鄉族以排他鄉族，繼焉自結其部族以排他部族，終焉自結其國族以排他國族，此實數千年世界歷史經過之階級。而今日則國族相結相排之時代也。夫群與群之互有所排也，非大同太平之象也。而無如排於外者不劇，則結於內者不牢；結於內者不牢，則其群終不可得合，而不能占一名譽之位置於歷史上。以故世界日益進步，而種族之論亦日益昌明。嗚呼！後乎此者，其有種界盡破萬國大同之郅治乎？吾不敢知。若在今日，則雖謂人種問題爲全世界獨一無二之問題，非過言也。

有「歷史的」人種，有「非歷史的」人種。等是人種也，而歷史的、非歷史的何以分焉？曰：能自結者爲歷史的，不能自結者爲非歷史的。何以故？能自結者則排人，不能自結者則排於人。排人者則能擴張本種以侵蝕他種，駸駸焉壟斷世界歷史之舞臺；排於人者則本種日以陵夷衰

1 在《新民叢報》刊出時，題目下原有「續懸談一」字樣。

微，非惟不能擴張於外，而且澌滅於內，尋至失其歷史上本有之地位，而舞臺爲他人所占。故夫敘述數千年來各種族盛衰興亡之迹者，是歷史之性質也；敘述數千年來各種族所以盛衰興亡之故者，是歷史之精神也。

近世言人種學者，其論不一；或主張一元說，而以爲世界只有一人種；或主張多元說，而區分爲四種（康德），爲五種（布曼伯），爲六種（巴科安），爲七種（韓特），爲八種（亞加智），其多者乃至十一種、十五種、十六種、二十二種、六十種，其最多者分爲六十三種（巴喀），甚者以言語之分而區爲一千乃至二千餘人種。然今所通行，則五種之說，所謂黃色種、白色種、棕色種、黑色種、紅色種是也；或以南洋群島、太平洋群島、紐西侖諸土人，及中亞美利加之土人，合於黃種，以澳洲、南印度之土人合於黑種，而成爲三大種。今勿具論。要之緣附於此摶摶員輿上之千五百兆生靈，其可以稱爲歷史的人種者，不過黃、白兩族而已。今條其派別如下：

歷史的人種

- (一)黃種
  - (甲)
    - 中國人
    - 日本人
    - 朝鮮人
    - 暹羅人
    - 其他亞細亞東部之人
  - (乙)
    - 蒙古人
    - 韃靼人
    - 鮮卑人(即今西伯利亞人)
    - 其他亞細亞北部中部之人
  - (丙)
    - 土耳其人
    - 匈加利人
    - 其他在歐洲之黃種人
- (二)白種
  - (甲)哈密忒人種 **Hamitic**
    - 埃及人
    - 里比亞人
    - 哥士人(居阿剌伯及埃及之南)
  - (乙)沁密忒人種 **Semitic**
    - 亞西里亞人
    - 巴比倫人
    - 腓尼西亞人
    - 希伯來人(猶太及以色列)
    - 亞剌伯人

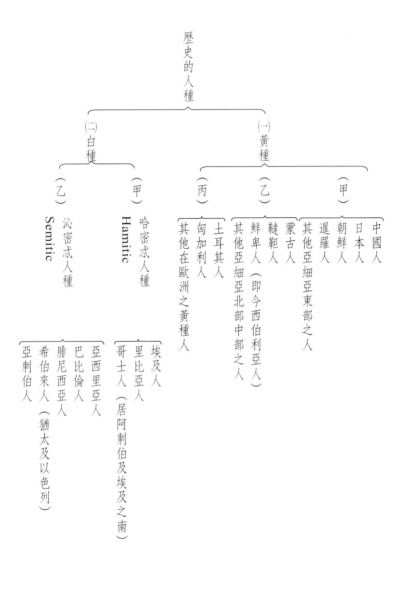

- 歷史的人種
  - (二)白種
    - (丙)阿利安人種 Aryan
      - 亞細亞之部
        - (一)印度人
        - (二)伊蘭人 Iranic
          - 米底亞人
          - 波斯人
      - 歐羅巴之部
        - (一)
          - 希臘人
          - 羅馬人
            - 法西蘭人
            - 意大利人
            - 西班牙葡萄牙人
        - (二)峨特忒人 Celtic
          - 部盧人
          - 白里敦人
          - 蘇格蘭人
          - 愛爾蘭人
        - (三)條頓人 Teutonic
          - 挪威人
          - 瑞典人
          - 丁沫人
          - 德意志人
          - 荷蘭人
          - 英人
        - (四)斯頓夫人 Slavonic
          - 俄羅斯人
          - 波蘭人
          - 波希米亞人（多居奧大利）
          - 塞爾維亞人
          - 其他

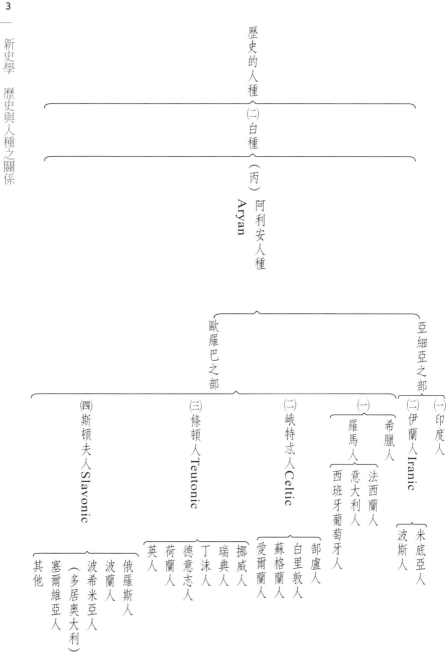

同爲歷史的人種也，而有「世界史的」與「非世界史的」之分。何謂「世界史的」？其文化武力之所及，不僅在本國之境域，不僅傳本國之子孫，而擴之充之以及於外，使全世界之人類，受其影響，以助其發達進步，是名爲世界史的人種。吾熟讀世界史，察其彼此相互之關係，而求其足以當此名者，其後乎此者吾不敢知，其前乎此者，則吾不得不以讓諸白種，不得不以讓諸種中之阿利安種。而於其中復分爲兩大時期：前期爲阿利安種與哈密忒、沁密忒兩種合力運動時代；後期爲阿利安種獨立運動時代。於前期之中，復分爲三小時期：一哈密忒全盛時代，二沁密忒全盛時代，三阿利安與哈、沁融合時代。於後期之中，亦分爲三小時期：一希臘羅馬人時代，二條頓人時代，三斯拉夫人時代。（所謂各時代者，非此時代終而彼時代乃始也，其界限常不能甚分明，往往後時代中仍抱前時代之餘波，前時代中已含後時代之種子；不過就其大勢，略區分之，取便稱呼耳。觀下文自明。試略論之。）

以狹義言之，則歐羅巴文明實爲今日全世界一切文明之母。此有識者所同認也。歐羅巴文明何自起？其發明光大之者，爲阿利安民族；其組織而導引之者，爲哈密忒與沁密忒之兩民族。若世界文明史而有正統也，則其統不得不托始於哈密忒人。代表哈密忒者曰埃及。埃及文明之花，實現於距今四五千年以前，於金字塔觀其工藝之偉大，（金字塔者，埃及古王墳陵也。其最大者，容積七千四百萬立方英尺，底闊七百六十四英尺，側袤四百八十英尺，世界最大之石碑也。其能運如許重大之石材，上舉於數百丈之高處，則其時工械力之大可想。）於木乃伊想其化學之發明，（木乃伊者，埃及古王之屍體，以藥物浸裹之使其不朽，至今猶有存者，則當時之人已明化學可以概見。）尼羅河畔，實歷史上最榮譽之紀念場哉！自摩西爲埃及王女所收養，遍學其教術，吸取其智識，既乃率同族以開猶太，（詳見《舊約全書・出埃及記》。）是沁密忒文明出於埃及之明證也。（其餘巴比倫、敘利亞文明，亦得力於埃及不少，史家能言其詳。）希臘古哲，如德黎（Thales），如畢達哥拉（Pythagoras），如梭倫（Solon），如德謨吉來圖（Democritus），如柏拉圖（Platon），皆嘗受教於埃及僧侶；而德謨吉來圖、柏拉圖二氏，且躬自遊歷埃土；而遏狄加人（希臘四大族之一。）之宗教，及其群治制度，多承埃及之遺迹：是阿利安文明出於埃及之明證也。故今日歐洲文明，以希臘爲父，以沁密忒爲祖，以哈密忒爲祖之所自出。雖然，哈密忒人，能創造之以待人取法者也；沁密忒人，能創造之且能傳播之者也；阿利安人，能創造之能傳播之且最能取法於人者也：故三族之優劣勝敗於此判焉矣。

哈密忒於世界文明，僅有間接之關係，至沁密忒而始有直接之關係。當希臘人文未發達之始，其政治學術宗教，卓然有牢籠一世之概者，厥惟亞西里亞、（或譯敘利亞，）巴比倫、腓尼西亞諸國。沁密忒人，實世界宗教之源泉也。猶太教起於是，基督教起於是，回回教起於是，希臘古代之神話，其神名及其祭禮，無一不自亞西里亞、腓尼西亞而來。新舊巴比倫之文學美術，影響於後代，其尤著者也。腓尼西亞之政體，純然共和政治，爲希臘所取法；其商業及航海術亦然，且以貿易爲力，傳播其文明，直普及於意大利，做羅馬民族之先驅。故腓尼西亞國雖小，而關係於世界史者最大。若希伯來人之有摩西、耶穌兩教主，其勢力浸潤全歐人民之腦中者，更不待論矣。故世界史正統之第二段在沁密忒人，而亞里西亞、巴比倫、希伯來爲其主腦，腓尼西亞爲其樞機。

其在第三段爲世界史之主人翁者，則希臘也。希臘代表阿利安種之一部，其民族則土著之「畢拉士治」（Pelasgi）人與西遷之阿利安人（阿利安分亞洲之部、歐洲之部，兩者已詳前表。希臘之阿利安，則自伊蘭高原西來者也。）混合而成者也。阿利安族之所長，在貴自由重考驗務進步。惟貴自由故，其於政治也，不甘壓制而倡言平等；惟重考驗故，其於學問也，不徇現象而探求原理；惟務進步故，其於社會一切事物也，不泥舊例而日事革新。阿利安族所以亙數千年至今常執全世界之牛耳者，皆此之由。而希臘人其最初之登場者也。希臘之代表，惟雅典與斯巴達。雅典右文，斯巴達尙武。兩者雖不調和，而皆足以發揮阿利安族之特性。故史家或以今世歐羅巴，爲古代希臘之放影；以古代希臘，爲今世歐羅巴之縮圖，非過言也。然其民族之團結力，只能建設市府政治，不能成就國家政治，故雖握霸權於歷史上者七百年，卒服屬於他國以致滅亡。

其在第四段爲世界之主人翁者，則羅馬也。羅馬位於古代史與近世史之過渡時代，而爲其津梁。其武力既揮斥八極，建設波斯以來夢想不及之絕大帝國；而其立法的智識，權利的思想，實爲古代文明國所莫能及。集無量異種之民族，置之中央集權制度之下，爲一定之法律以部勒之。故自羅馬建國以後，而前此之舊民族，皆同化於羅馬，如果蠃之與螟蛉；自羅馬解紐以後，而此之新民族，皆賦形於羅馬，如大河之播九派。今日歐洲大陸諸國，其言語文學宗教風俗，各不相遠，皆由其曾合併於羅馬一統之下，浸潤於同種之澤使然也。故希臘能吸集哈密忒、沁密忒兩族之文明，納諸阿利安族中，以成一特色；而羅馬則承希臘正統，舉其所吸集者所結構者，以兵力而播之於世界，雖謂羅馬爲希臘之一亢宗子可也。雖然，羅馬文明其傳襲希臘者固多，其獨自結構者亦不少，如法律之制定，宗教之傳播，其尤著也。

自希臘、羅馬以後，世界史之主位，既全爲阿利安人所占；及於羅馬末路，而阿利安族中之新支派，紛紛出現。除拉丁民族（即羅馬族）外，則峨特民族、條頓民族、斯拉夫民族，其最著者也。峨特民族在阿利安中，以戰勝攻取聞，其人爲印度阿利安之一派，自西曆紀元前四世紀，即已侵入歐洲。發軔於小亞細亞，越今之瑞典、德意志、法蘭西、意大利、西班牙諸地，直至愛爾蘭之西岸，蘇格蘭之高原，皆有其足迹焉；後乃自中部歐羅巴，蹂躪希臘、馬基頓，蔓延全陸。所至競爭鬥、恣殺掠，使人戰慄。故峨特人在世界史上，其影響所及亦不鮮。雖然，其人能冒險而不能忍耐，故戰勝之結果，無一可表見。而其血氣之勇，終不足以敵羅馬節制之師，卒被征服。及羅馬亡後，遂服屬於條頓人之軛下。今之蘇格蘭人、愛爾蘭人及法蘭西人之一部，實峨特民族性質之代表也。

條頓民族之移住歐洲也，在拉丁、峨特兩族之後，而其權力之影響於歷史則過之。自中世以後，歐羅巴歷史之中心點，實條頓人也。其民族移動之原因及其年代，雖不可確考，要之自西曆紀元二、三世紀，始出現於歐羅巴東部，而其中有勢力於歷史上者，復分四派：其在東歐者曰高特族（Goth），其在西歐者曰福倫喀族（Frank），其在北歐者曰撒遜族（Saxon），亦稱曰耳曼族，其在南歐者曰阿里曼族（Alemanni）。茲將千餘年前條頓民族之位置列表如下：

條頓民族之位置沿革表

	高特族之位置	福倫喀族之位置
西曆紀元三世紀		居萊因河之下流。
四世紀	本世紀中葉，西高特族始見於多惱河之下流；其末葉，東高特族自多惱河下流入布加里亞。	本世紀中葉，入於加利亞，建設多數之小王國。
五世紀	西高特族建設王國，東高特族轉入意大利建國焉。	本世紀末葉，大敗羅馬軍，使法蘭西（指今地）境內不留羅馬隻騎，復勝高特、阿里曼諸族。
六世紀以後	本世紀末葉，為東羅馬帝國所滅，其支派占有北日耳曼之地。	建設查里曼大帝國，成今日歐洲群雄樹立之勢。

	西曆紀元三世紀	四世紀	五世紀	六世紀以後
撒遜族之位置	自埃士河越埃爾比河，宅居於今荷斯頓及丁抹諸地。		本世紀中葉，撒遜人分為兩派：一派越海，與盎格魯人共征服英國之大部，別成所謂盎格魯撒遜民族者；其一派蹂躪大陸諸邦。	六世紀以來，屢與福倫喀族爭鬥；至九世紀，福倫喀王國建立，撒遜人亦全占有北日耳曼之全部；十一世紀，盎格魯撒遜人全征服英國。
阿里曼族之位置	居多惱、萊因兩河間，即日耳曼中部也。勢力頗強，屢挫羅馬軍。		本世紀之末，為福倫喀族所阻遏其進路。	

由是觀之，世界文明史之第五段，實惟阿利安族中羅馬人與條頓人爭長時代。而羅馬人達於全盛，爲日中將昃之形；條頓人氣象方新，有火然泉達之觀；峨特人雖奮血氣之勇，偶聳動一世耳目，而其內力不足以敵此兩族，曇花一現，遂爲天演所淘汰，歸於劣敗之數。自六世紀以後，而全歐文明之霸權，漸全歸條頓人矣。

躡條頓人之迹而有大勢力於歷史上者，斯拉夫人也。以冒險之精神道義之觀念論之，條頓人迥非斯拉夫人所能及；若夫堅實耐久，立於千苦萬難之中，毅然終始不失其特性者，則斯拉夫人殆冠宇內而無兩也。彼等好戰之心，不如條頓人之盛，若一旦不得已而躍馬執劍，則無論如何之大敵，絕不足以懾其前。彼等個人自由之觀念，視條頓人雖大有所缺乏，至其注意公益，服從於一定主權之下，聽其揮麾，全部一致，其爲國民的運動，又遠非條頓人所能幾也。故識者謂世界史之正統，其代條頓人以興者，將在斯拉夫人，非虛言也。

條頓民族既興以後，而羅馬民族之力尚未衰。中世史之末葉，意大利自由市府勃興，實爲今世國家之嚆矢。而西班牙、葡萄牙、法蘭西人，當十四、五世紀，國勢且蒸蒸日上，西闢美洲，東略印度，南開南洋，阿利安人之勢力範圍，始磅礴於歐洲以外，其主動者皆羅馬人也。雖然，以物競天擇之公例，羅馬人之老大，終不敵條頓人之少年。未幾而荷蘭人起，與之競爭；未幾而英吉利人起，一舉而代之；近則德意志人，復駸駸然凌厲中原矣。故覘羅馬、條頓兩族之盛衰，但於其殖民歷史之沿革焉足矣。北阿美利加也。（初爲法人、班人所開，今全屬盎格魯撒遜族矣。）南阿美利加也，（本爲班人、葡人所開，今全爲德意志勢力範圍。）印度也，（初爲法人所經營，後卒全歸英轄。）南洋群島也，（初亦班、葡人航海所覓，今全爲英、荷屬。）皆告我輩以兩民族消長之明效也。今日全地球之土地主權，其百分中之九十分，屬於白種人；而所謂白種人者，則阿利安人而已；所謂阿利安人者，則條頓人而已。條頓人實今世史上獨一無二之主人翁也。

論正統[1]

中國史家之謬，未有過於言正統者也。言正統者，以爲天下不可一日無君也，於是乎有統；又以爲天無二日民無二王也，於是乎有正統。統之云者，殆謂天所立而民所宗也；正之云者，殆謂一爲眞而餘爲僞也。千餘年來，陋儒齗齗於此事，攘臂張目，筆鬥舌戰，支離蔓衍，不可窮詰。一言蔽之曰：自爲奴隸根性所束縛，而復以煽後人之奴隸根性而已。是不可以不辨。

統字之名詞何自起乎？殆濫觴於《春秋》。《春秋公羊傳》曰：「何言乎王正月？大一統也。」此即後儒論正統者所援爲依據也。庸詎知《春秋》所謂「大一統」者，對於三統而言。《春秋》之大義非一，而通三統實爲其要端。通三統者，正以明天下爲天下人之天下，而非一姓之所得私有，與後儒所謂統者，其本義既適相反對矣。故夫統之云者，始於霸者之私天下，而又懼民之不吾認也，乃爲是說以箝制之，曰：此天之所以與我者，吾生而有特別之權利，非他人所能幾也。因文其說曰：「亶聰明，作父母。」曰：「辨上下，定民志。」統之既立，然後任其作

1 在《新民叢報》刊出時，篇首原有一段說明：「《新史學》本自為一書，首尾完具，著者胸中頗有結構，但限於時日，不能依次撰述，故有觸即書，先為散篇，其最錄之，俟諸異日，著者識。」又題目下原有括弧注出「縣談一」三字，並加說明：「佛典之疏注家常於全書之首冠以懸談，蓋總提其貫於全書之諸大義者也。今用其名。」

威作福，恣睢蠻野，而不得謂之不義。而人民之稍強立不撓者，乃得坐之以不忠不敬、大逆無道諸惡名，以鋤之摧之。此統之名所由立也。記曰：「得乎丘民而爲天子。」若是乎，無統則已；苟其有統，則創垂之而繼續之者，捨斯民而奚屬哉！故泰西之良史，皆以敘述一國國民系統之所由來，及其發達進步盛衰興亡之原因結果爲主，誠以民有統而君無統也。藉曰君而有統也，則不過一家之譜牒，一人之傳記，而非可以冒全史之名，而安勞史家之嘵嘵爭論也！然則以國之統而屬諸君，則固已舉全國之人民，視同無物。而國民之資格，所以永墜九淵而不克自拔，皆此一義之爲誤也。故不掃君統之謬見，而欲以作史，史雖充棟，徒爲生民毒耳。

統之義已謬，而正與不正，更何足云！雖然，亦既有是說矣，其說且深中於人心矣，則辭而辟之，固非得已。正統之辨，昉於晉而盛於宋。朱子《通鑑綱目》所推定者，則秦也，漢也，東漢也，蜀漢也，晉也，東晉也，宋齊梁陳也，隋也，唐也，後梁、後唐、後漢、後晉、後周也。本朝乾隆間御批《通鑑》從而續之，則宋也，南宋也，元也，明也，清也。所謂正統者，如是如是。而其所據爲理論，以衡量夫正不正者，約有六事：

一曰，以得地之多寡而定其正不正也。凡混一宇內者，無論其爲何等人，而皆奉之以正。如晉、元等是。

二曰，以據位之久暫，而定其正不正也。雖混一宇內，而享之不久者，皆謂之不正。如項羽、王莽等是。

三曰，以前代之血胤爲正，而其餘皆爲僞也。如蜀漢、東晉、南宋等是。

四曰，以前代之舊都所在爲正，而其餘皆爲僞也。如因漢而正魏，因唐而正後梁、後唐、後晉、後漢、後周等是。

五曰，以後代之所承者所自出者爲正，而其餘爲僞也。如因唐而正隋，因宋而正周等是。

六曰，以中國種族爲正，而其餘爲僞也。如宋、齊、梁、陳等是。

此六者互相矛盾，通於此則窒於彼，通於彼則窒於此。而據朱子《綱目》及《通鑑輯覽》等所定，則前後互歧，進退失據，無一而可焉。請窮詰之。夫以得地之多寡而定，則混一者固莫與爭矣，其不能混一者，自當以最多者爲最正。則苻秦盛時，南至邛僰，東抵淮泗，西極西域，北盡大磧，視司馬氏版圖過之數倍；而宋金交爭時代，金之幅員，亦有天下三分之二，而果誰爲正而誰爲僞也？如以據位之久暫而定，則如漢、唐等之數百年，不必論矣。若夫拓跋氏之祚，迥軼於宋、齊、梁、陳；錢鏐、劉隱之系，遠過於梁、唐、晉、漢、周；而西夏李氏，乃始唐乾符，終宋寶慶，凡三百五十餘年，幾與漢、唐埒，地亦廣袤萬里，又誰爲正而誰爲僞也？如以前代之血胤而定，則杞、宋當二日並出，而周不可不退處於篡僭；而明李槃以宇文氏所臣屬之蕭巋爲篡賊蕭衍延苟全之性命而使之統陳，以沙陀夷族之朱邪存勗、不知所出之徐知誥冒李唐之宗而使之統分據之天下者，將爲特識矣。而順治十八年間，故明弘光、隆武、永曆，尚存正朔，而視同閏位，則何也？而果誰爲正而誰爲僞也？如以前代舊都所在而定，則劉、石、慕容、苻、姚、赫連、拓跋所得之土，皆五帝三王之故宅也；女眞所撫之衆，皆漢、唐之遺民也，而又誰爲正誰爲僞也？如以後代所承所自出者爲正，則晉既正矣，而晉所自出之魏，何以不正？前既正蜀，而後復正晉，晉自篡魏，豈承漢而興邪？唐既正矣，且因唐而正隋矣，而隋所自出之宇文，宇文所以自出之拓跋，何以不正？前正陳而後正隋，隋豈因滅陳而始有帝號邪？又烏知夫誰爲正而誰爲僞也？若夫以中國之種族而定，則誠愛國之公理、民族之精神，雖迷於統之義，而猶不悖於正之名也；而惜乎數千年未有持此以爲鵠者也。李存勗、石敬塘、劉智遠，以沙陀三小族，竊一掌之地，而靦然奉爲共主，自宋至明百年間，黃帝子孫，無尺寸土，而史家所謂正統者，仍不絕如故也，而果誰爲正而誰爲僞也？於是乎而持正統論者，果無說以自完矣。

大抵正統之說之所以起者，有二原因：（其一）則當代君臣，自私本國也。溫公所謂「宋魏以降，……各有國史，互相排黜，南謂北爲索虜，北謂南爲島夷。朱氏代唐，四方幅裂，朱邪入汴，比之窮、新。（原注：唐莊宗自以爲繼唐，比朱梁於有窮篡夏，新室篡漢。）運曆年紀，棄而不數。此皆私己之偏辭，非大公之通論也。」2（《資治通鑑》卷六十九）誠知言矣。自古正統之爭，莫多於蜀魏問題。主都邑者以魏爲眞人，主血胤者以蜀爲宗子，而其議論之變遷，恆緣當時之境遇。陳壽主魏，習鑿齒主蜀，壽生西晉而鑿齒東晉也。西晉踞舊都，而上有所受，苟不主都邑說，則晉爲僭矣。故壽之正魏，凡以正晉也。鑿齒時則晉既南渡，苟不主血胤說，而仍沿都邑，則劉、石、苻、姚正而晉爲僭矣。鑿齒之正蜀，凡亦以正晉也。其後溫公主魏，而朱子主

2 「棄」前原有「皆」字。

蜀，溫公生北宋而朱子南宋也。宋之篡周宅汴，與晉之篡魏宅許者同源，溫公之主都邑說也，正魏也，凡以正宋也。南渡之宋與江東之晉同病，朱子之主血胤說也，正蜀也，凡亦以正宋也。蓋未有非爲時君計者也。至如五代之亦醜然目爲正統也，更宋人之讕言也。彼五代抑何足以稱代？朱溫盜也，李存勗、石敬塘、劉智遠沙陀犬羊之長也。溫可代唐，則侯景、李全可代宋也；沙陀三族可代中華之主，則劉聰、石虎可代晉也。郭威非夷非盜，差近正矣；而以黥卒乍起，功業無聞，乘人孤寡，奪其穴以篡位，以視陳霸先之能平寇亂，猶奴隸耳。而況彼五人者，所掠之地，不及禹域二十分之一，所享之祚，合計僅五十二年，而顧可以聖仁神武某祖某皇帝之名奉之乎？其奉之也，則自宋人始也。宋之得天下也不正，推柴氏以爲所自受，因而溯之，許朱溫以代唐，而五代之名立焉。（以上採王船山說）。其正五代也，凡亦以正宋也。至於本朝以異域龍興，入主中夏，與遼、金、元前事相類。故順治二年三月，議歷代帝王祀典，禮部上言，謂遼則宋曾納貢，金則宋嘗稱侄，帝王廟祀，似不得遺；駸駸乎欲僞宋而正遼、金矣。後雖憚於清議，未敢悍然，然卒增祀遼太祖、太宗、景宗、聖宗、興宗、道宗、金太祖、太宗、世宗、章宗、宣宗、哀宗，其後復增祀元魏道武帝、明帝、孝武帝、文成帝、獻文帝、孝文帝、宣武帝、孝明帝，豈所謂兔死狐悲，物傷其類者耶？由此言之，凡數千年來嘵嘵於正不正僞不僞之辨者，皆當時之霸者與夫霸者之奴隸，緣飾附會，以保其一姓私產之謀耳。而時過境遷之後，作史者猶慷他人之慨，斷斷焉辨得失於雞蟲，吾不知其何爲也。

（其二）由於陋儒誤解經義，煽揚奴性也。陋儒之說，以爲帝王者聖神也；陋儒之意，以爲一國之大，不可以一時而無一聖神焉者，又不可以同時而有兩聖神焉者。當其無聖神也，則無論爲亂臣爲賊子爲大盜爲狗偷爲仇讎爲夷狄，而必取一人一姓焉，偶像而尸祝之曰：此聖神也，此聖神也。當其多聖神也，則於群聖群神之中，而探鬮焉，而置棋焉，擇取其一人一姓而膜拜之曰：此乃眞聖神也，而其餘皆亂臣賊子大盜狗偷仇讎夷狄也。不寧惟是，同一人也，甲書稱之爲亂賊偷盜仇讎夷狄，而乙書則稱之爲聖神焉；甚者同一人也，同一書也，而今日稱之爲亂賊偷盜仇讎夷狄，明日則稱之爲聖神焉。夫聖神自聖神，亂賊自亂賊，偷盜自偷盜，夷狄自夷狄，其人格之相去，不可以道里計，一望而知，無能相混者也；亦斷未有一人之身，而能兼兩塗者也。異哉！此至顯至淺至通行至平正之方人術，而獨不可以施諸帝王也。諺曰：「成即爲王，敗即爲寇。」此眞持正統論之史家所奉爲月旦法門者也。夫衆所歸往謂之王，竊奪殃民謂之寇。既王矣，無論如何變相，而必不能墮而爲寇；既寇矣，無論如何變相，而必不能升而爲王，未有能相即焉者也。如美人之抗英而獨立也，王也，非寇也，此其成者也；即不成焉，如菲律賓之抗美，波亞之抗英，未聞有能目之爲寇者也。元人之侵日本，寇也，非王也，此其敗者也；即不敗焉，如蒙古蹂躪俄羅斯，握其主權者數百年，未聞有肯認之爲王者也。中國人不然，兀術也，完顏亮也，在《宋史》則謂之爲賊爲虜爲仇，在《金史》則某祖某皇帝矣，而兩皆成於中國之手，同列正史也；而諸葛亮入寇、丞相出師等之差異更無論也。朱溫也，燕王棣也，始而曰叛曰盜，忽然而某祖某皇帝矣；而曹丕、司馬炎之由名而公，由公而王，由王而帝，更無論也。準此以談，吾不能不爲匈奴冒頓、突厥頡利之徒悲也，吾不能不爲漢吳楚七國、淮南王安、晉八王、明宸濠之徒悲也，吾不能不爲上官桀、董卓、桓溫、蘇峻、侯景、安祿山、朱泚、吳三桂之徒悲也，吾不得不爲陳涉、吳廣、新市平林、銅馬赤眉、黃巾、竇建德、王世充、黃巢、張士誠、陳友諒、張獻忠、李自成、洪秀全之徒悲也，彼其與聖神相去不能以寸耳。使其稍有天幸，能於百尺竿頭，進此一步，何患乎千百年後贍才博學，正言讜論，倡天經明地義之史家，不奉以「承天廣運、聖德神功、肇紀立極、欽明文思、睿哲顯武、端毅弘文、寬裕中和、大成定業、太祖高皇帝」之徽號，而有腹誹者則曰大不敬，有指斥者則曰逆不道也。此非吾過激之言也。試思朱元璋之德，何如竇建德？蕭衍之才，何如王莽？趙匡胤之功，何如項羽？李存勗之強，何如冒頓？楊堅傳國之久，何如李元昊？朱溫略地之廣，何如洪秀全？而皆於數千年歷史上巍巍然聖矣神矣。吾無以名之，名之曰幸不幸而已。若是乎，史也者，賭博耳，兒戲耳，鬼蜮之府耳，勢利之林耳。以是爲史，安得不率天下而禽獸也！而陋儒猶囂囂然曰：此天之經也，地之義也，人之倫也，國之本也，民之坊也。吾不得不深惡痛絕夫陋儒之毒天下如是其甚也。然則不論正統則亦已耳，苟論正統，吾敢翻數千年之案而昌言曰：自周秦以後，無一朝能當此名者也。（第一）夷狄不可以爲統，則胡元及沙陀三小族在所必擯，而後魏、北齊、北周、契丹、女眞更無論矣。（第二）篡奪不可以爲統，則魏、晉、宋、齊、梁、陳、北齊、北周、隋、後周、宋在所必擯，而唐亦不能免矣。（第三）盜賊不可以爲統，則後梁與明在所必擯，而漢亦如惟之與阿矣。然則正統當於何求之？曰統也者，在國非在君也，在衆人非在一人也。捨國而求諸君，捨衆人而求諸一人，必無統之可言，更無正之可言。必不獲已者，則如英、德、日本等立憲君主之國，以憲法而定君位繼承之律；其即位也，以敬守憲法之語誓於大衆，而民亦公認之。若是者，其猶不謬於得邱民爲天子之義，而於正統庶乎近矣。雖然，吾中國數千年歷史上，何處有此？然猶斷斷焉於百步五十步之間，而曰統不統正不正，吾不得不憐其愚而惡其妄也。

後有良史乎，盍於我國民系統盛衰、強弱、主奴之間，三致意焉爾！

論書法1

新史氏曰：吾壹不解夫中國之史家，何以以書法爲獨一無二之天職也；吾壹不解夫中國之史家，何以以書法爲獨一無二之能事也；吾壹不解夫中國之史家，果據何主義以衡量天下古今事物，而敢囂囂然以書法自鳴也。史家之言曰：書法者本《春秋》之義，所以明正邪，別善惡，操斧鉞權，褒貶百代者也。書法善則爲良史，反是則爲穢史。嘻！此讆言也。《春秋》之書法，非所以褒貶也。夫古人往矣，其人與骨皆已朽矣，孔子豈其不憚煩，而一一取而褒貶之？《春秋》之作，孔子所以改制而自發表其政見也。生於言論不自由時代，政見不可以直接發表，故爲之符號標識焉以代之。書尹氏卒，非貶尹氏也，借尹氏以譏世卿也；書仲孫忌帥師圍運，非貶仲孫忌也，借仲孫忌以譏二名也。此等符號標識，後世謂之書法。惟《春秋》可以有書法。《春秋》經也，非史也；明義也，非記事也。使《春秋》而史也，而記事也，則天下不完全無條理之史，孰有過於《春秋》者乎？後人初不解《春秋》之爲何物，胸中曾無一主義，摭拾一二斷爛朝報，而規規然學《春秋》，天下之不自量孰此甚也！吾敢斷言曰：有《春秋》之志者，可以言書法；無

1 在《新民叢報》刊出時，題目下原有「懸談二」字樣。

《春秋》之志者，不可以言書法。

問者曰：書法以明功罪，別君子小子，亦使後人有所鑑焉，子何絕之甚？曰：是固然也。雖然，史也者，非記一人一姓之事也，將以述一民族之運動變遷進化墮落，而明其原因結果也。故善爲史者，必無暇斷斷焉褒貶一二人，亦絕不肯斷斷焉褒貶一二人。何也？褒貶一二人，是專科功罪於此一二人，而爲衆人卸其責任也；上之啓梟雄私天下之心，下之墮齊民尊人格之念，非史家所宜出也。吾以爲一民族之進化墮落，其原因絕不在一二人，以爲可褒則宜俱褒，以爲可貶則宜俱貶。而中國史家，只知有一私人之善焉惡焉功焉罪焉，而不知有一團體之善焉惡焉功焉罪焉。以此牖民，此群治所以終不進也。吾非謂書法褒貶之必可厭，吾特厭夫作史者以爲舍書法褒貶外無天職無能事也。

今之談國事者，輒曰恨某樞臣病國，恨某強臣殃民。推其意，若以爲但能摒逐此一二人，而吾國之治，即可與歐美最文明國相等者然。此實爲舊史家謬說所迷也。吾見夫今日舉國之官吏士民，其見識與彼一二人者相伯仲也，其意氣相伯仲也，其道德相伯仲也，其才能相伯仲也。先有無量數病國殃民之人物，而彼一二人乃乘時而出焉，偶爲其同類之代表而已。一二人之代表去，而百千萬億之代表者，方且比肩而立，接踵而來。不植其本，不清其源，而惟視進退於一二人，其有濟乎？其無濟乎？乃舉國之人，莫或自譏自貶，而惟譏貶此一二人，吾不能不爲一二人呼冤也。史也者，求有益於群治也。以此爲天職爲能事，問能於群治有絲毫之影響焉否也？

且舊史家所謂功罪善惡，亦何足以爲功罪善惡！彼其所記載，不外君主與其臣妾交涉之事。

大率一切行誼，有利於時君者則謂之功，謂之善；反是者則謂之罪，謂之惡。其最所表彰者，則死節之臣也；其最所痛絕者，則叛逆及事二姓者也。夫君子何嘗不貴死節；雖然，古人亦有言：君爲社稷死則死之，爲社稷亡則亡之；苟爲己死而爲己亡，非其親昵，誰敢任之？若是乎，死節之所以可貴者，在死國，非在死君也。試觀二十四史所謂忠臣，其能合此資格者幾何人也？事二姓者，一奴隸之不足，而再奴隸焉，其無廉恥不待論也。雖然，亦有辨焉：使其有救天下之志，而欲憑借以行其道也，則佛肸召而子欲往矣，公山召而子欲往矣，伊尹且五就湯而五就桀矣，未見其足以爲聖人病也。苟不爾者，則持祿保位富貴驕人以終身於一姓之朝，安用此斗量車載之忠臣爲也！《綱目》書「莽大夫揚雄死」，後世言書法者所最津津樂道也。吾以爲揚雄之爲人，自無足取耳；若其人格之價值，固不得以事莽不事莽爲優劣也。新莽之治，與季漢之治，則何擇焉？等是民賊也。而必大爲鴻溝以劃之曰：事此賊者忠義也，事彼賊者奸佞也。吾不知其何據也。雄之在漢，未嘗得政，未嘗立朝，即以舊史家之論理律之，其視魏徵之事唐，罪固可末減焉矣。而雄獨蒙此大不韙之名，豈有他哉？李世民幸而王莽不幸，故魏徵幸而揚雄不幸而已。吾非欲爲儇薄卑靡之揚雄訟冤，顧吾見夫操斧鉞權之最有名者，其衡量人物之論據，不過如是，吾有以見史家之與人群渺不相涉也。至於叛逆云者，吾不知泗上之亭長，何以異於漁陽之戍卒；晉陽之唐公，何以異於宸濠之親藩；陳橋之檢點，何以異於離石之校尉：乃一則夷三族而復被大憝之名，一則履九五而遂享神聖之號。天下豈有正義哉？惟權力是視而已。其間稍有公論者，則犯顏死諫之臣時或表彰之是已。雖然，其所謂敢諫者，亦大率爲一姓私事十之九，而爲國民公義者十之一。即有一二，而史家之表彰之者，亦必不能如是其力也。嘻！吾知其故矣。霸者之所最欲者，則臣妾之爲之死節也，其次則匡正其子孫之失德而保其祚也；所最惡者，臣妾之背之而事他人也，其尤甚者，則發難而與己爲敵也。故其一賞一罰，皆以此爲衡。漢高豈有德於雍齒而封之？豈有憾於丁公而殺之？所謂爲人婦則欲其和我，爲我婦則欲其爲我詈人耳。而彼等又知夫人類有尚名譽之性質，僅以及身之賞罰，而不足以懲勸也。於是鼎革之後，輒命其臣妾修前代之史，持此衡準以賞罰前代之人，因以示彼群臣群妾曰：爾其效此，爾其毋效彼。此霸者最險最黠之術也。當崇禎、順治之交，使無一洪承疇，則本朝何以有今日？使多一史可法，則本朝又何以有今日？而洪則爲《國史·貳臣傳》之首，史則爲《明史·忠烈傳》之魁矣。夫以此兩途判別洪、史之人格，夫誰曰不宜？顧吾獨不許夫霸者之利用此以自固而愚民也。問二千年來史家之書法，其有一字非爲霸者效死力乎？無有也。霸者固有所爲而爲之，吾無責焉；獨不解乎以名山大業自期者，果何德於彼，而必以全力爲之擁護也。故使克林威爾生於中國，吾知其必與趙高、董卓同詬；使梅特涅而生於中國，吾知其必與武鄉、汾陽齊名。何也？中國史學書法之性質同然也。

吾非謂史之可以廢書法，顧吾以爲書法者，當如布爾特奇之《英雄傳》，以悲壯淋灕之筆，寫古人之性行事業，使百世之下，聞其風者，讚嘆舞蹈，頑廉懦立，刺激其精神血淚，以養成活氣之人物；而必不可妄學《春秋》，侈袞鉞於一字二字之間，使後之讀者，加注釋數千言，猶不能識其命意之所在。吾以爲書法者，當如吉朋之《羅馬史》，以偉大高尚之理想，褒貶一民族全體之性質，若者爲優，若者爲劣，某時代以何原因而獲強盛，某時代以何原因而致衰亡，使後起之民族讀焉，而因以自鑑曰，吾儕宜爾，吾儕宜毋爾；而必不可專獎勵一姓之家奴走狗，與夫一二矯情畸行，陷後人於狹隘偏枯的道德之域，而無復發揚蹈厲之氣。君不讀龍門《史記》乎？史公雖非作史之極軌，至其爲中國史家之鼻祖，盡人所同認矣。《史記》之書法也，豈嘗有如盧陵之《新五代史》，晦庵之《通鑑綱目》，咬文嚼字，矜愚飾智，斷斷於總小功之察，而問無齒決者哉！

論紀年1

或問新史氏曰：子之駁正統論，辯矣；雖然，昔之史家說正統者，其意非必皆如吾子所云云也。蓋凡史必有紀年，而紀年必藉王者之年號，因不得不以一爲主，而以餘爲閏也。司馬溫公嘗自言之矣。（《資治通鑑》卷六十九。）新史氏曰：審如是也，則吾將更與子論紀年。（余於丁酉冬曾爲〈紀年公理〉一篇，後登《清議報》中。今演舊說而更發明之。）

紀年者何義也？時也者，過而不留者也。立乎今日以指往日，謂之去年，謂之前年，謂之前三年前十年，再推而上之，則詞窮矣。言者既凌亂而難爲之名，聽者亦瞀惑而莫知所指矣。然人生在世，則已閱數十寒暑，其此年與彼年交涉比較之事，不一而足；而人之愈文明者，其腦筋所容之事物愈多，恆喜取數百年數千年以前之事而記誦之討論之。然而年也者，過而不留者也，至無定而無可指者也。無定而無可指，則其所欲記之事，皆無所附麗，故不得不爲之立一代數之記號，化無定爲有定，然後得以從而指名之，於是乎有紀年。凡天地間事物之名號，其根源莫不出於指代，而紀年亦其一端也。

1 在《新民叢報》刊出時，題目下原有「懸談三」字樣。

凡設記號者，皆將使人腦筋省力也，故記號恆欲其簡不欲其繁。當各國之未相通也，各自紀年，蓋記號必不能暗同，無可如何也。及諸國既已相通，交涉之事日多，而所指之年，其代數記號，各參差不相符，則於人之腦筋甚勞，而於事甚不便。故孔子作《春秋》，首據其義，曰諸侯不得改元，惟王者然後改元。所以齊萬而爲一，去繁而就簡，有精意存焉也。（孔子前皆各國各自紀元，詳見《紀年公理》。）

既明紀年之性質及其公例矣，然則一地之中，而並時有數種紀年，固爲不便；百年之內，而紀年之號屢易，其不便亦相等明矣。何也？一則橫繁，一則豎繁也。是故欲去繁而就簡者，必不可不合橫豎而皆一之。今吾國史家之必以帝王紀年也，豈不以帝王爲一國之最巨物乎哉？然而帝王在位之久，無過六十年者；（康熙六十一年，在中國數千年中實獨一無二也。）其短者，或五年，或三年，或二年一年乃至半年。加以古代一帝之祚，改元十數，瞀亂繁雜，不可窮詰。故以齊氏《紀元編》[2]所載年號，合正統僭僞計之，不下千餘。即專以史家所謂正統者論，計自漢孝武建元（以前無年號）。以迄今光緒，二千年間，而爲年號者三百十有六。今試於此三百十六之中任舉其一以質諸學者，雖極淹博者，吾知其不能具對也。於是乎強記紀元，遂爲談史學者一重要之學科，其糜腦筋於無用亦甚矣！試讀西史，觀其言幾千幾百年，或言第幾世紀，吾一望而知

2 齊召南所著原名《歷代帝王年表》。《紀元編》作者為李兆洛。

其距今若干年矣。或有譯本以中國符號易之，而曰唐某號某年，宋某號某年，則棼然不知其何指矣。（譯西書而易以中國年號，最爲無理，非惟淆亂難記，亦乖名從主人之義。若言中國事而用西曆，其謬更不待辯矣。）夫中國人與中國符號相習，宜過於習他國矣，然難易若天淵焉者何也？一極簡一極繁也。苟通此義，則帝王紀年之法，其不可久行於今日文明繁備之世，復何待言。

西人之用耶穌紀元，亦自千四百年以來耳。古代之巴比倫人，以拿玻納莎王爲紀元；（在今西曆紀元前七百四十七年。）希臘人初時，以執政官或大祭司在位之年紀之，其後改以和靈比亞之大祭爲紀元；（當紀元前七百六十七年。）羅馬人以羅馬府初建之年爲紀元；（當紀元前七百五十三年。）回教國民以教祖摩哈麥德避難之年爲紀元；（當紀元後六百二十二年。）猶太人以《舊約·創世紀》所言世界開闢爲紀元；（當紀元前三千七百六十一年。）自耶穌立教以後，教會以耶穌流血之年爲紀年，至第六世紀，羅馬一教士，倡議改用耶穌降生爲紀元，至今世界用之者過半。此泰西紀年之符號逐漸改良，由繁雜而趨於簡便之大略也。要之苟非在極野蠻時代，斷無以一帝一號爲紀元者；有之其惟亞洲中之中國、朝鮮、日本諸國而已。（日本近亦以神武天皇開國爲紀元。）

曰然則中國當以何紀？曰：昔上海強學會之初開也，大書孔子卒後二千四百七十三年。當時會中一二俗士，聞之舌撟汗下色變，曰是不奉今王正朔也，是學耶穌也；而不知此實太史之例也。《史記》於〈老子列傳〉，大書孔子卒後二百七十五年，而其餘各國《世家》，皆書孔子卒。此史公開萬世紀元之定法也。近經學者討論，謂當法其生不法其死，以孔子卒紀，不如以孔子生紀。至今各報館用之者既數家，達人著書，亦往往採用，此號殆將易天下矣。用此爲紀，厥有四善：符號簡，記憶易，一也；不必依附民賊，紛爭正國，二也；孔子爲我國至聖，紀之使人起尊崇教主之念，愛國思想亦油然而生，三也；國史之繁密而可紀者，皆在孔子以後，故用之甚便，其在孔子前者，則用西曆紀元前之例，逆而數之，其事不多，不足爲病，四也。有此四者，則孔子紀元，殆可以俟諸百世而不惑矣。或以黃族鼻祖之故，欲以黃帝紀；或以孔子大同托始故，欲以帝堯紀；或以中國開闢於夏后故，欲以大禹紀；或以中國一統於秦故，欲以秦紀；要皆以事理有所窒，於公義無所取，故皆不足置辨。然則以孔子生紀元，殆後之作史者咸宜同認矣。

紀元之必當變也，非以正統閏統之辨而始然也。然紀元既不以帝號，則史家之爭正統者，其更無說以自文矣。不然，以新莽之昏虐，武后之淫暴，而作史者勢不能不以其始建國、天鳳、地皇、光宅、垂拱、永昌、天授、長壽、延載、天冊、登封、神功、聖曆、久視、長安等年號廁之於建元之下，光緒之上，其爲我國史汙點也，不亦甚乎！況汙點國史者，又豈直新莽、武后乎哉！

大家講堂 020

中國歷史研究法

——〈研究文化史的幾個重要問題〉〈新史學〉合刊

作　　者——梁啓超
發 行 人——楊榮川
總 經 理——楊士清
總 編 輯——楊秀麗
叢書企畫——蘇美嬌
封面設計——姚孝慈
出 版 者——五南圖書出版股份有限公司
地　　址——台北市大安區 106 和平東路二段 339 號 4 樓
電　　話——02-27055066（代表號）
傳　　眞——02-27066100
劃撥帳號——01068953
戶　　名——五南圖書出版股份有限公司
網　　址——https://www.wunan.com.tw
電子郵件——wunan@wunan.com.tw
法律顧問——林勝安律師事務所　林勝安律師
出版日期——2022 年 6 月二版一刷
定　　價——280 元

國家圖書館出版品預行編目資料

中國歷史研究法：＜研究文化史的幾個重要問題＞＜新史學＞合刊 / 梁啟超著. -- 二版 -- 臺北市：五南圖書出版股份有限公司，2022.06
面；　公分. -- (大家講堂)
ISBN 978-626-317-330-9 (平裝)

1. 本史學方法　2. 中國史

611　　110017910